ENTEC

THE EVERLY

PROTEUS/1

映画を聴きましょう

細野晴臣

映画を聴きましょう

目次

はじめに

映画に特別詳しいわけでもなく、むしろ観た映画を端から忘れてしまう、そんな自分が映画の聖域『キネマ旬報』で連載を持てたことは過分な幸運だったと思っている。

映画について語るときはそれでも記憶だけが頼りなのだ。忘れっぽい人間に強い印象を刻むのは、その映画がすごいということにほかならない。連載が続いたのはただただ映画の力、音楽の力のおかげである。

表題の「映画を聴きましょう」とは１９６０年代にキングレコードから発売された、初の邦画のサウンドトラックＬＰのタイトルだった。25㎝のレコードが出たとき、僕は中学生だったが、当時何度も劇場で観た黒澤明監督の「用心棒」が一曲目に入っていることに興奮したものだ。

なぜ何度も「用心棒」を観たかといえば、佐藤勝が作った音楽に魅了されたからだった。当時の邦画でサウンドトラックは発売されたことがなく、あの音楽を聴きたいばかりに、とにかく何度も映画館に通うしかなかったのである。

そういうときに絶好のタイミングで発売された日本初のサウンドトラック盤に、改めてここで敬意を表しておきたい。残念ながらこのレコードはもう手に入らないのだ。

細野晴臣

①僕の最初の映画的記憶

映画が好きで、子どもの頃から観てきた。初めての映画館体験は、幼稚園の頃である。先生に連れられ、クラス動員で映画館に行ったことをありありと覚えている。観た映画は「白い馬」(52年)と「赤い風船」(56年)だった。ともにアルベール・ラモリス監督作品である、というのはもちろんあとから認識したことだが、「赤い風船」の真っ赤な風船が、とにかく強烈な印象であった。

その後も「赤い風船」は再公開されたり、ビデオやDVDがリリースされるたびに何度か観ている。数年前に映画館で久々に上映されたときも観た。子どもの頃、観て良かったと記憶している映画が、大人になって観ると印象が変わっていてがっかりすることがある。がっかりというのは映画に対してではなく、違った印象を持ってしまうほど変わってしまった自分に対してなのだが。だが「赤い風船」は、幸いなことにいつ観ても印象は変わらない。

次に記憶しているのは、小学生のときに観たディズニーの「白雪姫」(37年、デイヴィッド・ハンド監督)である。母が映画好きで、小学生の僕をよく映画館に連れていってくれたのだが、この映画もその一本である。一人にしておけなかったからか、仕方なく連れていかれた大人の映画のときは、「なんか暗い感じだな」という印象しか残らず、何を観たのか全く覚えていないが、僕も楽しめそうだなという映画もずいぶん連れていってもらえた。中でも「白雪姫」はよく覚えている。これは家に、挿入歌の一つである《ハイ・ホー（Heigh-Ho）》のSP盤のレコードもあって、映画を観る前から音楽もよく聴いていた。

映画と音楽、ということでいえば、一番音楽的な影響を受けたのは、「ホワイト・クリスマス」（54年、マイケル・カーティス監督）だろう。これは小学校4～5年の頃、母と姉と僕の3人で観に行ったか、それとも父もいたかは定かでないが、劇中歌の《シスターズ（Sisters）》（アーヴィング・バーリン作詞・作曲）という歌がずっと印象に残っていて、家に帰ってからも姉と2人で、こういうメロディだったかなと、思い出しごっこをやって遊んだ。そうやって、音楽そのものに興味を持つようになっていった。

僕はSFが好きで、もうすぐ公開される映画の中では「プロメテウス」（12年、リドリー・スコット監督）を何より楽しみにしているのだが（12年7月現在）、SF好きになったきっかけも、小学生のときに観た20世紀フォックスの「地底探険」（59年、ヘンリー・レヴィン監督）が素晴らしく面白かったから（この映画の音楽自体はあまり印象に残っていないが）。

小学校のときに観て印象に残っている映画はいまだにほとんど覚えており、影響を受けてきたというか、いまでも繰り返し観るものが多い。1年前、「渚にて」（59年、スタンリー・クレイマー監督）をDVDで観直すことがあったのだが、これも最初に公開されたのは僕が小学生のときである。メインテーマである《ワルチング・マチルダ（Waltzing Matilda）》がその当時ヒットして、サントラ盤も売れたが、この曲に歌詞をつけて歌ったポップスもヒットし、僕もそのシングルを買った記憶がある。この「渚にて」を、２０１１年の震災後にたまたま観直すことがあった。第三次世界大戦が起こり、核爆弾により放射能汚染が広がって北半球が全滅してしまうという、公開当時はＳＦとして観ていたものが、いまやＳＦではなくなってしまっている。その救いようのない感じが非常に恐ろしく、暗い気持ちになってしまった。知り合いにそういう話をしたところ、観るなと言うのに観てしまって、すごく落ち込んでしまったという。

最近は本当に少なくなってしまったが、考えてみれば当時は映画音楽のサントラ盤がヒットチャートの上位を飾ることが多く、ラジオでもさかんに映画音楽がかけられていた。「ベン・ハー」(59年、ウィリアム・ワイラー監督) のミクロス・ローザの音楽は僕も好きなのだが、あの映画の序曲のようなオーケストラ曲でさえ、ポピュラー音楽として大ヒットし、誰もが知っている曲であった。

僕がサントラ盤を買い出したのもその頃からなのだが、西部劇が中心の、かなり偏った選択であったように思う。それは、小学校の高学年の頃からテレビで西部劇が放送されるようになったことがきっかけで、大の西部劇ファンになったからである。『ローハイド』(59〜65年日本放映) や『ララミー牧場』(60〜63年日本放映) が一世を風靡した時代である。テレビ西部劇のサントラ盤はクラスの大半の子どもたちの家にもあったはずだ。

『ララミー牧場』は1時間もののテレビ西部劇で、有名な話であるが、毎回、映画評論家の淀川長治さんが解説をされていた。メインの出演者の中にホーギー・カーマイケルというお爺さんの役者が出てくるのだが、あるとき淀川さんの解説で、ホーギー・カーマイケルは《スターダスト（Stardust）》という名曲を作っている人だと知り、すごい人が出ているんだとびっくりした（その頃すでに、《スターダスト》の曲はなんとなく知っていた）。作曲家、ミュージシャンとしてホーギー・カーマイケルを聴くようになったのはその頃からである。そしていまに至るまで、《香港ブルース（Hong Kong Blues）》をはじめ、彼の曲を聴き、自分でも演奏している。

そう考えると、僕のいまやっているものの多くは、もとは小学生の頃の体験から始まっていることになる。

（12年8月下旬号）

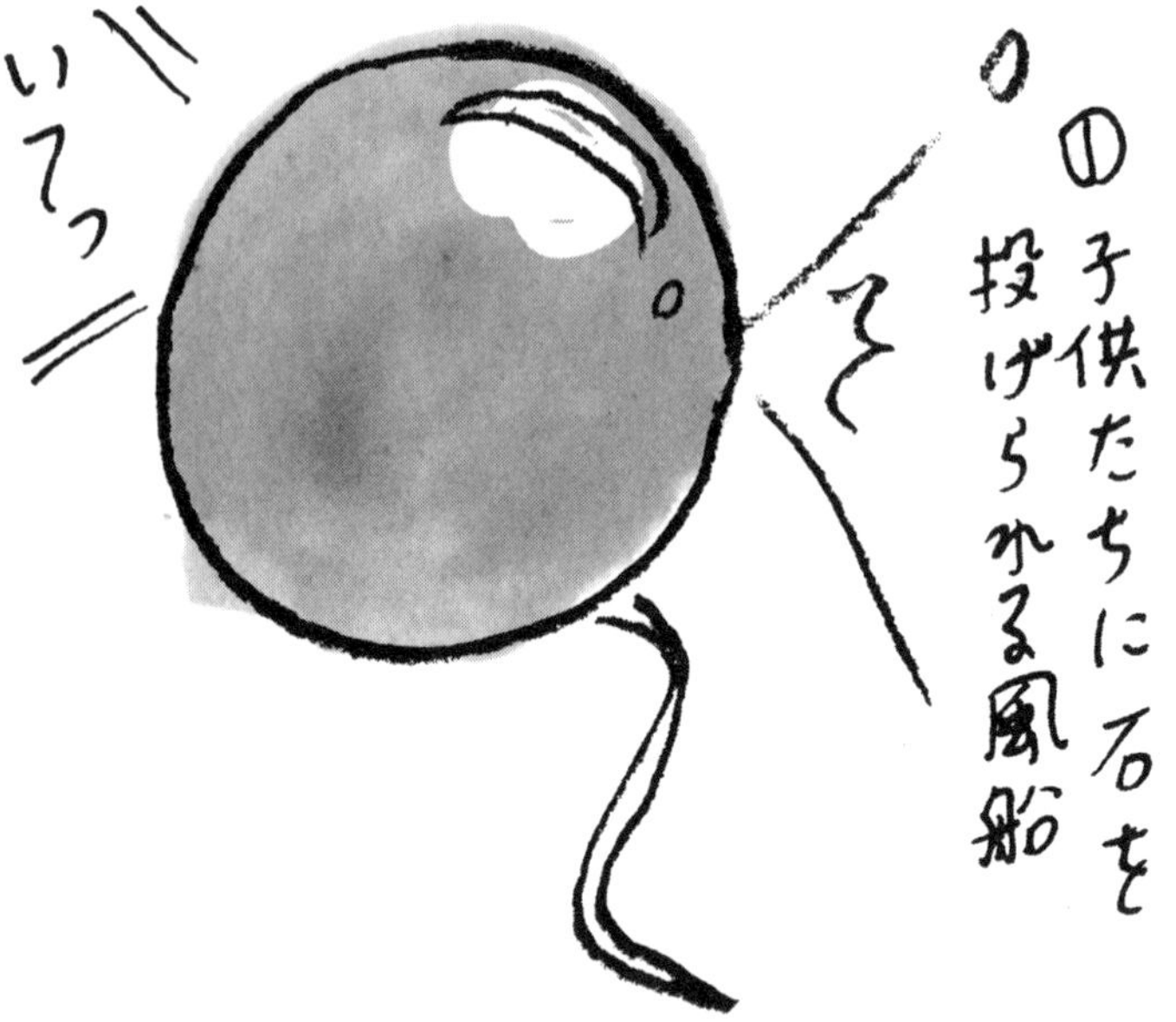
①子供たちに石を投げられる風船
いてっ

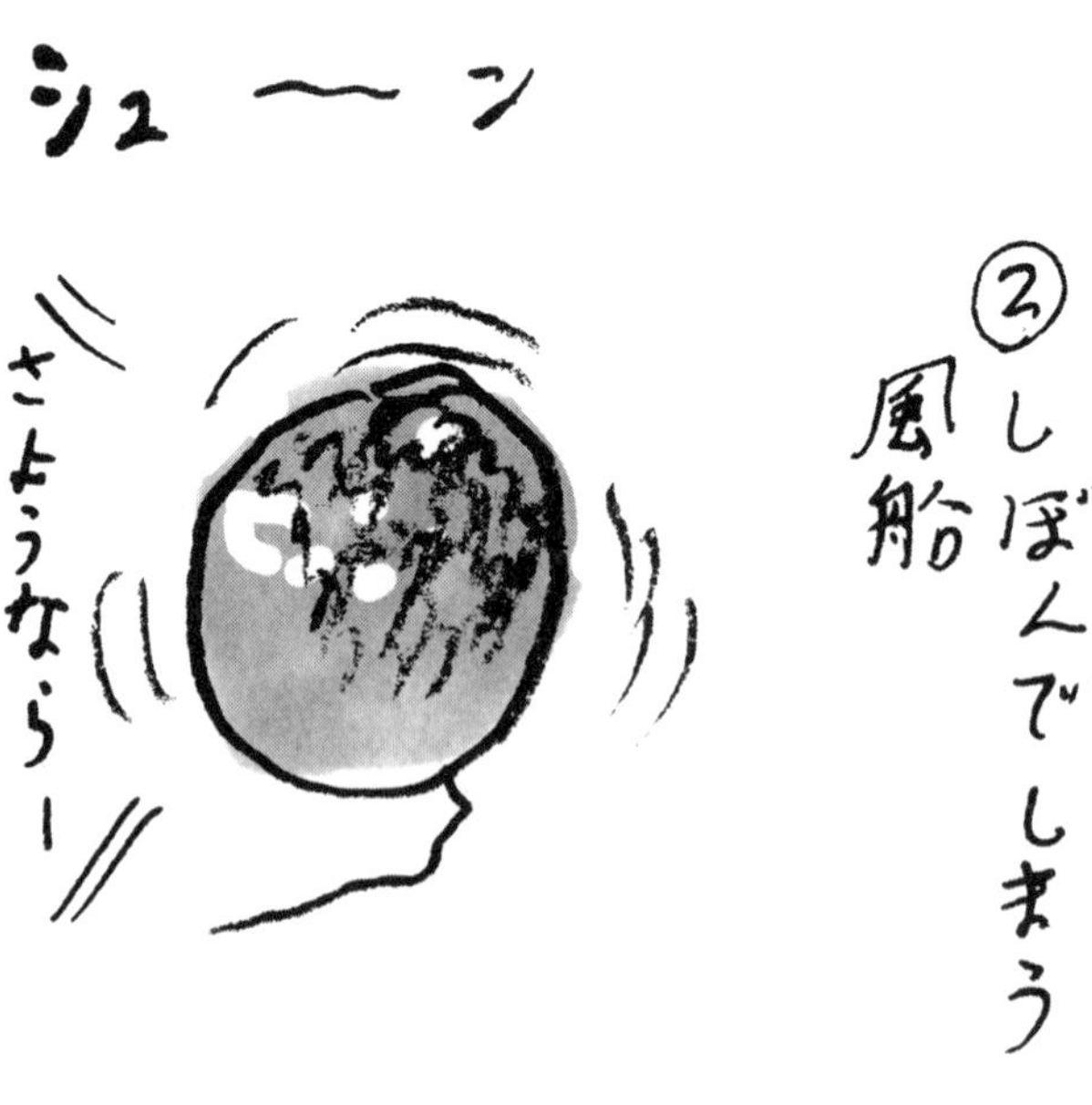
②しぼんでしまう風船
シュ〜〜ン
さようならー

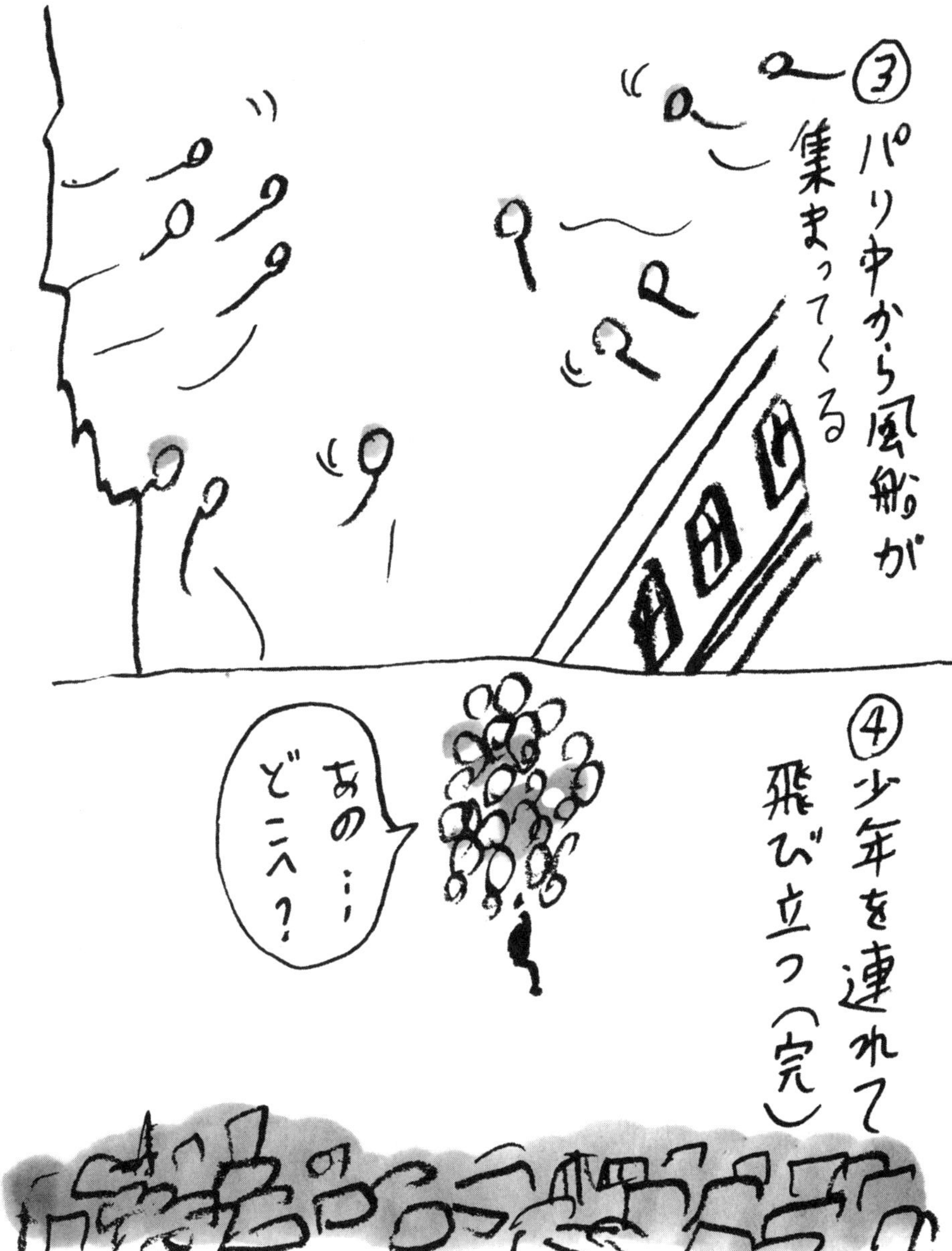

「赤い風船」

②日本映画初のサントラ！

小学校の頃、西部劇少年であったことは前回書いたが、映画音楽の作曲家の名前を意識しだしたのも、その西部劇からであった。

西部劇にはスマッシュな曲と言うか、かっこいい曲が多かった。たとえば「荒野の七人」（60年、ジョン・スタージェス監督）。これはすごい、誰が作っているんだろうという興味がわいて調べてみると、エルマー・バーンスタインという人。まるで映画スターのような名前の響きに聞こえたから、子ども心に印象に残ったのである。

もう一人、すぐには覚えにくいからこそ逆に覚えてしまったという作曲家の名前に、ディミトリー・ティオムキンという人もいる。この人は前回紹介したテレビ西部劇『ローハイド』のテーマ曲でも有名だが、とりわけ「赤い河」（48年）や「リオ・ブラボー」（59年）といったハワード・ホークス作品や、ジョン・フォード作品で名前を覚えた。

ジョン・フォードは好きな監督の一人で、「黄色いリボン」（49年）や「荒野の決闘」（46年）の《愛しのクレメンタイン（Oh My Darling Clementine）》など、音楽もよく知られている（もっとも、《黄色いリボン（She Wore a Yellow Ribbon）》も《愛しのクレメンタイン》も、もともとはアメリカの古い民謡で、それを映画で使用しているのだが）。ちなみに「荒野の決闘」

の映画音楽を手がけているアルフレッド・ニューマン（シリル・J・モックリッジとの共同）は、兄弟や息子たちなども音楽に関わり〝ニューマン一家〟として知られているが、広く20世紀の音楽シーンにおいて非常に重要な存在であると思っている。特に彼の甥っ子にあたるのがランディ・ニューマンで、この人には僕も大きな影響を受けている。〝ニューマン一家〟については、また別の機会に改めて触れたい。

そういった西部劇を、当時、封切り当時のロードショーではなく、2本立て、3本立てで上映してくれる名画座が近所にあったので、そこに足しげく通っては観ていた。その頃、西部劇と合わせて史劇も全盛期であり（というより、最後の輝きだったのだろう）、「ベン・ハー」（59年、ウィリアム・ワイラー監督）を観たのは、テアトル東京の大画面である。

西部劇と並んで、「アラビアのロレンス」（62年）や、少し時代は後になるが、「ライアンの娘」（70年）といった、デイヴィッド・リーン監督の70ミリ大作映画も面白く観た。音楽はともにモーリス・ジャールで、これも本当に好きな映画音楽作曲家の一人である。

小学生時代はそんな西部劇ファン、史劇ファンだったのであるが、中学生になると、興味の対象が日本映画に、というよりチャンバラに移行してしまうのである。

これは紛れもなく、黒澤明監督の影響である。

当時、白戸三平さんの忍者ものの漫画が大流行していて、貸本屋で『忍者武芸帳』などを借りては、中学の同級生たちと回し読みしていたというのもあると思う。そんな時期に、黒澤明監督の「用心棒」（61年）が封切られ、チャンバラ映画という期待ですぐに映画館に観に行ったのである。

僕にとって決定的な出合いであった。もちろん映画そのものも素晴らしい。そして同時に佐藤勝さんの映画音楽に強い影響を受けた。時代劇にマンボをつける、そのセンスが素晴らしかった。その時点ではサントラなど出ていなかったので、音楽を聴くために、というより少しでも覚えるために、立て続けに6回くらい映画館に観に行った。それくらい好きになったのである。

「用心棒」で黒澤監督の名前を意識し、名画座で「七人の侍」（54年）と「蜘蛛巣城」（57年）と「隠し砦の三悪人」（58年）の黒澤明監督作品3本立てをやるというので、中学の同級生3人くらいでお弁当を持って、6時間くらいかけて観たりしたのもその頃である。黒澤監督作品を観るようになってから、西部劇への興味はすっかり薄れてしまった。いい作品も少なくなっていたのかも知れない。

当時はまた、ザ・ベンチャーズが大流行しているエレキブームの時代でもあった。その頃の僕たちはそれぞれにエレキギターを持っていて、同級生たちと僕の実家の部屋に集まっては、ベンチャーズのコピーをやっていたりした時代でもある。映画音楽の演奏にも挑戦したかったが、そこまでの技術はもちろんなく、もっぱら映画を観て、サントラを聴くだけであった。だが発売されているサントラはほぼ外国映画のもので、日本映画のサントラというのは、知っている範囲ではそれまで皆無であった。

そんな時期に、日本映画で初めてのサントラが発売された。『映画を聴きましょう：日本映画主題音楽集』（キングレコード発売）という25センチ盤のサントラ集である。これは素晴らしい企画であった。「用心棒」をはじめとして、「不良少年」（61年、羽仁進監督、武満徹音楽）や「裸の島」（60年、新藤兼人監督、林光音楽）、「太陽の墓場」（60年、大島渚監督、眞鍋理一郎音楽）など、当時の著名な日本映画8作品の音楽のアンソロジーであった。

このサントラは僕に大きな影響を与えている。ご存知の方もいらっしゃるかも知れないが、２００９年に『キネマ旬報』の創刊90年を記念して行わせてもらった映画音楽のコンサートのタイトルも「映画を聴きましょう」にさせてもらった。この連載タイトルの由来もここからなのである。

（12年9月下旬号）

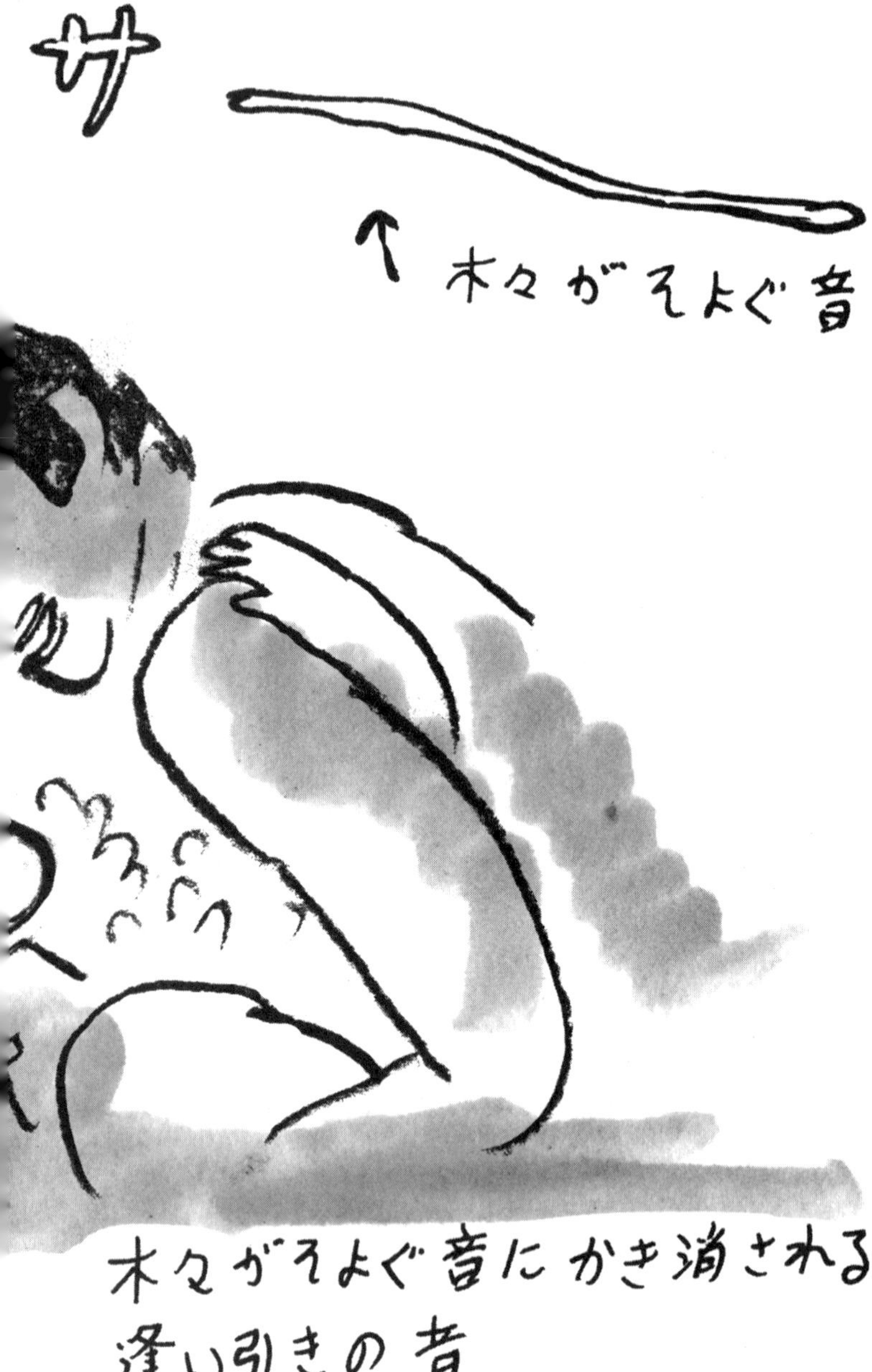

「ライアンの娘」

クモの糸みたいなもの
山菜みたいな
新芽
③タンポポの
綿毛

③奥が深いSF映画音楽

SF映画はいまでも新作をチェックしている。先日、レコーディングの合間をぬって、この連載の第1回で公開を楽しみにしていると書いた「プロメテウス」(12年、リドリー・スコット監督)を映画館に観に行ったのだが、期待が大きかった分、ちょっとがっかりしてしまった。それで口直しというか、「プロメテウス」の後日譚(ということになるのであろうか)である「エイリアン」(79年、リドリー・スコット監督)を改めてDVDで観直した。いま観ても、やはり面白い。

ほぼ同時期に公開された「遊星からの物体X　ファーストコンタクト」(11年、マシーズ・ヴァン・ヘイニンゲン・Jr.監督)もさっそく観ている。これも、ジョン・カーペンターが作った「遊星からの物体X」(82年)の前日譚のような物語であり、リドリー・スコットに続いてカーペンター作品のほうもDVDで改めて観直すことになった。

このリドリー・スコットの「エイリアン」と、カーペンターの「遊星からの物体X」と、もう一本、「SF/ボディ・スナッチャー」(78年、フィリップ・カウフマン監督)が、20世紀後半に公開されたSF映画の3大名作だと思っている。これはここ十数年、変わっていない。ただし、いずれもSF映画ではあるが、ホラー映画とも言える作品だ。

実は僕自身はそもそも大の怖がりであり、ホラー映画は苦手であった。にもかかわらず、ホラー映画のＤＶＤを借りて観るということをよくしている。自分を鍛えるためにホラー映画を観ている節もあるが。

大学生の頃、何でもいいから映画でも観ようと思ってオールナイトの映画館に一人でふらりと入って観たのが、「悪魔のいけにえ」（74年、トビー・フーパー監督）であった。「テキサス・チェーンソー・マサカー（The Texas Chainsaw Massacre）」という原題通り、電動ノコギリを振りかざす殺人鬼の話。あまりにも怖くて、途中で映画館を出てきてしまった。映画ファンの間では絶賛されている映画であり、監督のトビー・フーパーであるが、僕はトラウマになってしまったほどで、好きじゃない監督の一人である（笑）。いまだにその恐怖を克服できていない。

ただこの体験がきっかけになって、怖いものに免疫をつけなければと思い、ダリオ・アルジェントなどの恐ろしそうな映画をレンタル店で借りてきては、まず早送りして、先に何が起こるのか観るということ繰り返した。「あ、ここらへんが怖いんだ」と思って、また巻き戻しては観る。こうすれば何が起こっているかわかっているから、それほど怖くない。ホラーはいきなり来る衝撃が怖いのだ。正しき映画ファンからは怒られそうな鑑賞の仕方だろうが、そうやっているうちにだんだんと恐怖に慣れていき、ホラー映画も好きになっていったという次第である。

一方、最近は暗い映画にすごくハマっている。貧しくて暗い地域が背景になっている映画をずっと観ていたりする。これも、ホラーと同じように、これからどんどん貧しくなっていく日本で免疫をつけなければならないという気持ちがあるからだろうか。

SF映画の話に戻ろう。ほかに、「未知との遭遇」(77年、スティーヴン・スピルバーグ監督)も好きな映画である。

あの頃の映画はアメリカでの公開と日本での公開の時期にけっこう開きがあったので、作品の評判を何カ月も前から聞き、予告篇を何度も劇場やテレビで観て、公開までワクワクしながら待っているということが多かった。「未知との遭遇」もそういう映画であった。当時はユリ・ゲラーが来日したり、円盤ブームもあったりしたので、一種のSFブームというか、僕だけなく、誰もが話題にしていた。

「未知との遭遇」はフランソワ・トリュフォーの出演というトピックもさることながら、音楽の使い方にもひらめきがあった。映画全体の作曲家としてクレジットされているのはジョン・ウィリアムズであるが、何よりも人間が宇宙人とコミュニケーションを取ろうとする際に使われる、あのハンド・サインと5音音階が素晴らしい。

ゾルタン・コダーイという名前の人によるものだという。どういう人なのか調べていくと、ハンガリーの神秘的な作曲家であり、哲学者でもあり、手話の研究もしているという。奥が深い（ゾルタン・コダーイはハンガリー人なので、日本と同じように姓・名の順番で、コダーイ・ゾルタンと表記することがいまでは多いようだ）。

スピルバーグが、監督ではなく製作に関わった「SUPER 8／スーパーエイト」（11年、J・J・エイブラムス監督）も、「未知との遭遇」と同じように人間と宇宙人との遭遇を描いた映画であった。監督は明らかに「未知との遭遇」に影響を受けて育った世代であろうが、本篇よりもティーザー的な予告篇にワクワクさせられた。

スピルバーグといえば、これは先日、人から間接的に聞いた話であるが、黒澤明監督とスピルバーグが会ったときに、黒澤監督が「君の映画は音楽が入り過ぎている」と言ったらしい。スピルバーグは「子どもたちを楽しませるためにやっています」と答えたという。すると黒澤監督が「子どもを甘く見るな」とスピルバーグを叱った。「音楽を極力省くのが映画なんだ」と。

素晴らしい意見である。


（12年10月下旬号）

④僕にとっての特別な音楽家

前々回、〝ニューマン一家〟のことについて少し触れたが、同じように僕が尊敬し、影響を受けているアメリカの作曲家・音楽プロデューサーにヴァン・ダイク・パークスという人がいる。お互いの曲を演奏したり、一緒にライブを行ったりするミュージシャン仲間でもあるが、彼はまたロバート・アルトマン監督の「バレエ・カンパニー」(03年)をはじめ、多くの映画音楽も手がけていて、映画との関わりが深い。そもそも、ハリウッドの子役出身という経歴の持ち主である。

僕がまだ20代の頃、それはまだ彼と直接出会う前であったと思うが、テレビの吹き替え版でグレイス・ケリーが主演した映画「白鳥」(チャールズ・ヴィダー監督)を観たことがある。1956年の製作であるが、そこに出ていた子役の一人がヴァン・ダイク・パークスであった――というくらい、ハリウッドの申し子なのである。

これは最近聞いて初めて知ったのであるが、そんなヴァン・ダイクは、小学生の頃から音楽教育を受けていた音楽少年でもあり、その先生はアーロン・コープランドという20世紀のアメリカを代表する大作曲家であった。さて、その音楽の授業の時間、生意気なるヴァン・ダイク少年は「アメリカン・ミュージックとは何ぞや」と質問したことがあった。そのときコープランド先生は、「アメリカで演奏されるもの、作られるもの――すべてがアメリカン・ミュージックだ」と答えられたという。

この名言に倣うまでもなく、アメリカには本当に多くの音楽があり、多くの職業作家（作曲家）がいる。一人一人を挙げていけばキリがないし、いまの時代でも、いいなと思う作家は何人もいるが、その人たちのそれぞれの仕事を網羅的に知っているわけではない。興味を持って調べるということもいまはあまりない。

ただ、いまでも現役で活躍中だが、ジョン・ウィリアムズという作曲家は、少なくとも「スター・ウォーズ」（77年、ジョージ・ルーカス監督、現在の邦題は「スター・ウォーズ　エピソードⅣ／新たなる希望」）や「未知との遭遇」（77年、スティーヴン・スピルバーグ監督）の頃、僕たちの世代にとって特別な存在であった。

特に70年代のアメリカン・ニューシネマの時代から、映画には既成のロックやポップスの曲が使われることが多くなり、映画音楽の作曲家として専門的なファンはともかく、誰もが知る名前はどんどん少なくなっていったと思うが、ジョン・ウィリアムズの名前は、一般的なファンにもよく知られていたと思う。70年代、オールナイト上映の映画館で、彼の名前がスクリーンのクレジットに出ると、客席のあちこちから拍手が沸き起こっていたものである。

ウィリアムズの前の時代はジェリー・ゴールドスミスの全盛期であり、ゴールドスミスを受け継ぐかたちで、ジョン・ウィリアムズがいた。そしてもう一人、レナード・バーンスタインの名前もよく知られていた。ゴールドスミスもウィリアムズも映画音楽だけでなく、現代音楽の作曲も手がけているが、「ウエスト・サイド物語」(61年、ロバート・ワイズ&ジェローム・ロビンス監督)の作曲を担当したバーンスタインは、2人以上に現代音楽の作曲家としても知られている。この人は天才であると思う。

映画公開から半世紀以上経った2012年、渋谷ヒカリエのシアターオーブという劇場でブロードウェイのミュージカルが来日して『ウエスト・サイド・ストーリー』の公演を行っていた。僕も誘われて観に行ったのだが、なかなか面白かった。

映画のほうの「ウエスト・サイド物語」はミュージカル映画史を変えた映画として知られているが、僕も公開当時に70ミリ上映の映画館で観て、中学生の分際ながら、ジェローム・ロビンスの振り付けがすごいなどと唸り、バーンスタインの音楽も、いままで聴いたことがないような音楽で、かなりハマり、彼の名前を刻み込んだことを鮮明に覚えている。オープニングの空撮シーンから入って、バスケットコートのあるウエスト・サイドの広場へカメラが移動する。若者たちのフィンガースナップ(指鳴らし)や口笛が次第に音楽になって、ランブル(喧嘩)が始まっていくという冒頭のワンシーンの流れからして素晴らしかった。

日本でも記録的な大ヒットとなった映画で、同級生たちもみんな観ていた。フィンガースナップや《クール(Cool)》というダンスナンバーなど、みんなして真似たものである。

ジョン・ウィリアムズに話を戻すと、彼の父親がジョニー・ウィリアムズという人で、レイモンド・スコット・クインテットという、30〜40年代に活動したユニークなジャズバンドでドラムやパーカッションを担当していたミュージシャンであった。「スター・ウォーズ」の映画の中で、宇宙人のバンドが酒場で演奏するシーンがあるが、息子のジョンが作曲した、あの酒場のバンドの音楽が、父ジョニーが参加していたそのレイモンド・スコット・クインテットの音楽にそっくりなのである。

レイモンド・スコットは30年代から半世紀以上活躍した素晴らしい作曲家でありピアニストなのであるが、実はいま、彼にオマージュを捧げた『レイモンド・スコット・ソングブック』というアルバムを、僕の仲間の岡田崇くんが作っている。僕もそこに何曲か提供している。それは素晴らしく、豊かなアルバムになる予感がしている。

（12年11月下旬号）

⑤サイケの時代、SF映画の衝撃

僕が高校生の頃、というのは東京オリンピックも終わった1960年代の中盤であるが、音楽三昧、バンド三昧の日々で、映画館に行く回数も減っていった。

1964年の東京オリンピックは一度だけ競技場に行って実際に見ている。その後に作られた市川崑監督のドキュメンタリー映画「東京オリンピック」(65年)も観に行った。この映画は大ヒットし、映画の内容をめぐって日本中で大きな論争が起こったと記憶している。それくらい東京オリンピックというのは一大イベントであったのだが、このオリンピックを境に東京の景色ががらりと変わっていった。あちこちで開発が行われ、新しい道路ができる一方で、町自体がなくなってしまったところもある。首都高速ができたのにも当時、びっくりした。小学生のときに読んだ、少年雑誌の『未来の東京』といった特集で、夢物語として空中に浮かぶ道路をイラスト付きで紹介していたのであるが、それが実現してしまったのだから、未来が来るのもずいぶん早いなと思ったものである。

後年観たアンドレイ・タルコフスキー監督の「惑星ソラリス」(72年)の中で、未来都市の設定で、赤坂あたりの高速道路が、CGではなくそのまま使われていた。未来都市のイメージに日本が選ばれたのかと新鮮な驚きを感じたし、少し誇らしくも思えた。それがいまや、首都高を取り壊すという計画もあるくらい。過去の話になるのもあっという間である。

そして、60年代の終わりから社会は大きく変わり始めた(中でも真っ先に音楽とその周辺が変わっていったのであるが)。

大学生になった僕は、在学中からエイプリルフールというプロのバンドでベーシストとして仕事を始めていたのだが、当時のミュージシャンはみなアメリカのウエストコーストの影響が強く、サイケデリックな生活をしていた者が多かった。僕もロングヘアーになり、両親とは断絶し、会話もほとんどしなくなっていた。ほんの少し前までは家族で映画を観に行っていたのに。いま思うとかわいそうなことをしたものである。

学生運動には興味はなかったが、ドロップアウトは完全にしていて、就職活動もしないでのんきに1年留年した。どうしようかなと考えているときにバンドを始め、家を飛び出し狭山のほうに移ったりしていた頃である。

そんなサイケの時代、バンドのメンバーと一緒に観に行ったのが「2001年宇宙の旅」(68年、スタンリー・キューブリック監督)である。

最初はさっぱりわからなかったし、いまでも十分理解したとは言えないが、「とにかくわけがわからないけど、最後がすごい」などと仲間で興奮して喋りあった映画である。

リヒャルト・シュトラウスの《ツァラトゥストラはかく語りき》やヨハン・シュトラウス2世の《美しく青きドナウ》など、SF映画なのに、クラシック音楽を使っているのも新鮮であった（ジェルジ・リゲティの現代音楽がこの映画で使われているのを知ったのは、もっとあとになってであろうか）。サントラも当時すぐに買ったような気がする。僕の回りの仲間も、この映画のおかげでクラシックに改めて興味を持っていった人が多かったと思う。

「２００１年宇宙の旅」は、その後もだいたい数年ごとにリバイバル公開されて話題になり、そのたびに観ている。観るたびに印象が変わる映画であるが、だんだんとわかっていったような気がする。その後、続篇にあたる「２０１０年」（84年、ピーター・ハイアムズ監督）ができたので、それも観るともっとよくわかったような気がした。これもいい映画であった。

「２００１年宇宙の旅」は通常の35ミリではなく、70ミリフィルムで公開された映画であると思うが、僕は70ミリとか、シネラマとか、大きなスクリーンの映画館で観るのが気持ち良くて好きである。小さい頃に「これがシネラマだ」（52年、メリアン・C・クーパー、ロバート・L・ベンディック製作）という文字通りのシネラマ映画を、家族そろってまだ古い帝劇に観に行ったことを鮮明に覚えている。フロアには赤絨毯が敷いてあり、アメリカ人の観客も多いという雰囲気で、上映前に興奮して喋っていた僕は左隣にいるアメリカ人のおばちゃんに「シャラップ！」と怒鳴られて、恐れおののき静かになってしまった。そんな強烈な記憶が残る、それは一大イベントであった。

　いまでこそＤＶＤをパソコンのモニターで観ることのほうが多いが、興味のある新作映画などは、そのほうが絶対楽しいので時間がある限り映画館で観るようにしている。いま、シネコンの時代になって、昔のような大きなスクリーンのある映画館が少なくなっているのが残念である。

60年代～70年代の大型映画館として東京で有名なのはテアトル東京で、あんな大きな画面はほかにはなかった。たとえば「スター・ウォーズ」や、スティーヴン・スピルバーグの映画がテアトル東京で公開されたとき、先行オールナイトに行くと、知り合いのミュージシャンがみんな同じように観に来ているのである。テアトル東京のスクリーンは床までつながっていて、満席の座席になお入りきれない人が、その床にいっぱい寝転がって観ている。そんな自由な世界であった。

それから20～30年経ち、「2001年宇宙の旅」で描かれた2001年を実際に迎えたときは、じんわりと感動したものである。いまや、続篇の「2010年」すら越えてしまったが。

（12年12月下旬号）

⑥アメリカン・ニューシネマの頃

プロのミュージシャンになっていた1960年代後半から70年代にかけて、映画館に行く回数は学生時代より減っていたが、前回、前々回と触れた「スター・ウォーズ」(77年、ジョージ・ルーカス監督)のように、大作、話題作はよく観に行っていた。

「スター・ウォーズ」以前、当時のアメリカ映画の大きな潮流としてあったのが、アメリカン・ニューシネマである。「卒業」(67年、マイク・ニコルズ監督)や「俺たちに明日はない」(67年、アーサー・ペン監督)、「イージー・ライダー」(69年、デニス・ホッパー監督)、「明日に向って撃て!」(69年、ジョージ・ロイ・ヒル監督)、「いちご白書」(70年、スチュアート・ハグマン監督)など、多くの話題作があり、どれもだいたい封切りのときに観ている。

「卒業」は《サウンド・オブ・サイレンス(Sound of Silence)》や《ミセス・ロビンソン(Mrs. Robinson)》などサイモン&ガーファンクル、「イージー・ライダー」はステッペンウルフの《ワイルドでいこう!(Born to Be Wild)》、「明日に向って撃て!」はB・J・トーマスが歌った《雨にぬれても(Raindrops Keep Fallin' on My Head)》と、アメリカン・ニューシネマの多くには、当時のラジオのヒットチャートを賑わしていたロックやポップスがよく劇中の楽曲として使われていたのも特徴的であった。個人的にも聴き込んでいるアーティストたちで、サントラアルバムやシングル盤もいろいろ買ったと記憶している。

その中で、おそらくいちばん音楽的に影響を受けたのは「真夜中のカーボーイ」(69年、ジョン・シュレシンジャー監督)である。この映画ではハリー・ニルソンの《うわさの男(Everybody's Talkin')》が主題歌として使われている。サイモン&ガーファンクルや《雨にぬれても》を作曲したバート・バカラックなどはやや例外であるが、当時のアメリカン・ニューシネマで使われる音楽がわりとロック調のものが多かったのに対し、そのさわやかな曲調がとても良かった。


当時はそのように、映画音楽の専門の作曲家ではない、新しいミュージシャンや作曲家が、新しい世代の監督たちと組んで映画音楽を作り出し始めた時期でもあった。彼らの既存のヒット曲を使っている場合でも、映画にうまくマッチして、溶け込んでいた。たいていはどちらかが良ければ、どちらかはダメなのであるが。映画も人々の記憶に残り、音楽も残っているという珍しいケースがアメリカン・ニューシネマには多い。

もっともそうやって映画も音楽も記憶に残る映画がある一方で、どちらもひどい映画もいっぱいあった。「ビートルズ/イエロー・サブマリン」(68年、ジョージ・ダニング監督)はどちらも面白い映画の例だが、この時代はサイケの時代であったので、サイケ調の音楽を使ったカルトっぽい映画が多かった。サントラのジャケットもサイケっぽい、何だかグニャッとした(?)デザインであった。使われている音楽に興味を持って、映画も観た覚えは確かにあるのだが、タイトルもいまや覚えていないひどい映画も多い。70年代はそういう特殊な時代でもあった。

ともかく、そんなアメリカン・ニューシネマにおける映画と音楽の新たな関係が1970年前後に見られ、その後、70年代の後半になってからは、「ミッドナイト・エクスプレス」(78年、アラン・パーカー監督)の音楽を手がけたジョルジオ・モロダーのように(この人はもともと、後に僕が参加したYMOにも影響を与えたテクノの人であるが)、シンセサイザー的なアプローチが映画音楽で行われるケースもかなり出てきた。

そういう流れが少し起きたことは起きたのであるが、長続きはしなかった。ほぼ同じ時期に、ジョージ・ルーカスやスティーヴン・スピルバーグらが、たとえばジョン・ウィリアムズを起用して、かつての映画と、劇伴として映画音楽の関係の時代にまた戻ってしまったのである。それはそれで映画音楽らしいし、僕自身、「スター・ウォーズ」(77年)や「未知との遭遇」(77年)にハマったことは何度も触れた通りであるが、劇伴としての映画音楽の時代が今日に至るまであまりに続きすぎている気もしている。

70年代にはDVDはもちろんビデオも普及しておらず、映画を観るためには映画館に行くか、テレビで放送される映画を観るしかなかった。だからパソコンでDVDを観られるいまの時代のほうが、よほど映画は観ている。

そんなとき、70年代の映画は近すぎてあまり観ない。たまに観るときでも、その時代の映画は、当時の流行りだったのか、赤味の強い色合いの映画が多いような感じがしており、それがあまり好きになれないので、パソコンでモノクロの色調に変えてから観たりしている（70年代の映画でも、「SF／ボディ・スナッチャー」〈78年、フィリップ・カウフマン監督〉の色調など、いまだに面白いものはあるが）。

それより最近観ることが多いのは50年代のハリウッド映画であるとか、40年代のフィルム・ノワールであるとか、60年代のヨーロッパ映画であったりすることが多い。映画監督と作曲家の名コンビというのは、たとえばフェデリコ・フェリーニ監督とニーノ・ロータのような、60年代以前のヨーロッパ映画に多くある。公開当時はまだ大人でなかったり、生まれてもいなかった時代の映画を、いま改めて観て、そのすごさを発見しているところである。

（13年1月下旬号）

⑦ジェルミ的なルスティケリ音楽

これまでの連載では僕の子どもの頃からの映画体験をたどるかたちで映画音楽について触れてきたのであるが、今回から少し趣向を変えてというか、毎回、好きな映画音楽の作曲家一人ひとりに焦点を当ててみることにしよう。とはいえ、それも結局は僕の映画体験史と深く関わってくることではあるが。

最初にとりあげたいのは、イタリアの作曲家、カルロ・ルスティケリ（Carlo Rustichelli、1916年〜2004年）である。

ルスティケリといえば、ピエトロ・ジェルミ監督の「鉄道員」（56年）のメインテーマがいちばん有名であろうか。作曲家の名前を知らなくても、あのテーマ曲は知っているという人は多いと思う。そしてフェデリコ・フェリーニとニーノ・ロータの関係のように、ピエトロ・ジェルミの映画音楽といえばカルロ・ルスティケリというくらい、「わらの男」（58年）、「刑事」（59年）、「イタリア式離婚狂想曲」（62年）、「誘惑されて棄てられて」（63年）など、2人のコンビ作は多い。「アモーレ、アモーレ、アモーレ、アモーレ・ミオ」という歌詞で始まる、「刑事」の中で流れた、日本では《死ぬほど愛して》あるいは《アモーレ・ミオ》というタイトルで知られている主題歌《Sinnò me moro》も、当時、世界的に大ヒットしたし、多くの人が歌やギターでカバーしている。

僕が「鉄道員」の曲を最初に聴いたのは、子どもの頃に行った映画館で、「鉄道員」の予告篇がかかったときである。当時のラジオでもヒット曲として流れていたので、そこで聴いたのが先だったかも知れない。ただ、いまでも「鉄道員」のメインテーマといえば、あの予告篇に流れるサウンドトラックがいちばん好きである。

映画そのものについては、予告篇で女の人が泣き叫ぶシーンばかりが目についたこともあり、子ども心にやけに暗そうな映画だなという印象しかなく、観たいという気にはなれなかったし、実際公開当時は観ていない。だが、その音楽については、ずっと記憶に残っていた。

1980年代になって僕は『ピエトロ・ジェルミ』というインストルメンタルの曲を作り、アルバムにも入れているのであるが(『コインシデンタル・ミュージック』85年)、この頃にもまだジェルミ作品をきちんとは観ていなかった。ただ、ジェルミ的なというか、ルスティケリについてのイメージが自分の中で長い年月をかけて蓄積されていたのであろう。それがふっとメロディになって作ってみた曲であった。ずっと長い間、何かの憧れがあったのかも知れない。

ルスティケリの音楽の魅力とは、つまりそういうことであると言おうか、長い年月をかけて、ジワジワとくる作曲家なのである。ここ10年くらいになって、ようやくきちんとジェルミの映画を観るようになったのだが、「刑事」「わらの男」「誘惑されて棄てられて」などを観て、漠然としていたものが具体的になっていった。つまり改めて好きな映画であり、好きな映画音楽であるということに気が付いたわけである。やがて自分でも、「アルフレード　アルフレード」(72年)の中の曲《Amori di Alfredo(アモーレ・ディ・アルフレート)》など、ルスティケリの曲をいくつかカバーするようになった(実はジェルミの遺作であり、ダスティン・ホフマンが主演しているというコメディ「アルフレード　アルフレード」のほうは未見で、ただ曲だけ聴いて、気に入ったのであるが)。

そうしていまや、ここ十数年の音楽体験の中でも、ルスティケリは僕にとってとりわけ大きな存在の一人となっているのである。

イタリア音楽のイメージといえば、僕が小学生の頃には《ボラーレ(Volare)》や《チャオ・チャオ・バンビーナ(Ciao, Ciao, Bambina)》といった歌が流行っていたこともあり、明るい曲が多くて好きであったのだが、一方で50〜60年代当時のイタリア映画はマイナー(短調)の音楽が使われていることが多く(それはヨーロッパ映画全体の傾向だったのかも知れないが)、そういった短調の音楽はあまり好きにはなれなかった。こと映画になると、イタリア人はどうしてこんなに暗い音楽が好きなんだろうと、不思議に感じたものである。

ああいう音楽、要するに短調でしかできていない音楽を、僕らは〝どマイナー〟とやや軽蔑の意味を込めて呼んでいたのであるが、いまやそういう音楽もすっかりなくなってしまった。作ろうと思ってもできないのかも知れない。

そんな中で、ルスティケリだけは、一貫してマイナーな音楽を作る人ではあったが、別格であった。具体的にその魅力が何なのか、いまだ解明できていないのだけれど。「誘惑されて棄てられて」はコメディのジャンルに分類されると思うが、日本人である僕たちが観ていても、イタリアの家族の構成とか在り方とか、父親の存在の強さとか、よくわからない部分がある。日本との笑いのツボが違っていて、イタリアはかなり異国なんだなと思ったものだが、音楽はとてもメロディアスで日本人にも親しみやすい。日本のかつての歌謡曲は、ずいぶんルスティケリの影響を受けているのではないかと、いまにして思っている。

世代的にはルスティケリとほぼ同じになるようだが、ニーノ・ロータも、ルスティケリの影響を受けているのではないかと思う。

というわけで、ルスティケリの続きと、ニーノ・ロータについて、を次回に。

（13年3月下旬号）

ーン

「誘惑されて棄てられて」

⑧映画音楽のマジック

ピエトロ・ジェルミ監督とカルロ・ルスティケリのコンビによる「誘惑されて棄てられて」（63年）を観て、何でもないシーンにドキッとしたことがある。お母さん、その娘、そしておばさんたちという女性の一家が黒いスーツを着て、街の向こう側から歩いてくるというシーンなのだが、望遠でとらえたカットがいきなりどんと出てきて、そこに明るいマンボの音楽がかかった。このシーンを観たとき、あ、黒澤明監督（と同じ）だ、と思った。

映っている画面の内容と、全く違う印象の音楽がかかってハッとさせられるのは、まさに映画の醍醐味であると思う。ここぞという絶妙なタイミングと、どういう音楽をどのように組み合わせるかが大事なのであるが、そういうシーンというか、音楽の使われ方は、特にいまの映画にはなかなか見受けられないような気がする。ジェルミの映画や、黒澤明監督の映画（彼もまた、初期は早坂文雄さん、後期は佐藤勝さんという2人の映画音楽作曲家との名コンビで知られる）にはそれがあった。おそらく映画監督と作曲家がお互いに、映画のマジックとでもいうのか、ある種のセンスを共有していないとなかなかできないものなのだろうと思う。

いったい何が素晴らしいのか知りたくて、また自分にもそういう音楽ができるのだろうかと考えながら、ある時期、ＤＶＤで「誘惑されて棄てられて」のこのシーンだけ何度も繰り返し観ていたことがある。これはサントラで音楽だけ聴いていたのでは決してわからない、とてもいいシーンである。

前回、ルスティケリの音楽の魅力を「長い年月をかけて、ジワジワとくる作曲家」と説明したが、その音楽の特質についてもっと具体的なことが言えるか、いつも考えるのだが、実はいまだにわからない。イタリア音楽の伝統がバックにあるのだろうとも思うが、イタリアの唄といえば《サンタ・ルチア（Santa Lucia)》とか、ナポリ民謡のようなものがメインの気がするし、そういうものとは明らかに違う。おそらくもっとイタリアの地方、田舎のほうにある音楽にそのルーツがあるのではないかと思うのだが、それが何なのかはわからない。だがこのルーツは、ヨーロッパ全体に何か共通したものであるような気がしている。

ルスティケリと並んで、ニーノ・ロータ（Nino Rota、１９１１年〜１９７９年）も、イタリア出身の映画音楽作曲家として外せない人である。ルスティケリが１９１６年生まれなので、世代的にもほぼ同じだが、経歴もよく似ている。

２人とも音楽学校でピアノと作曲を学んで、クラシックの作曲家を目指しながら、40年代から映画音楽の仕事を始めている。50年代から60年代にかけて、ルスティケリはジェルミ監督と、ニーノ・ロータはもちろん「道」（54年）や「甘い生活」（59年）、「8½」（63年）など、フェデリコ・フェリーニ監督とのコンビ作で、ともに世界的に知られるようになる映画音楽の数々を手がけたが、最初は映画音楽を専門にしようとは考えていなかった。本人たちはあくまでもクラシックの作曲家としての成功を目指し、そちらの方面での作品もそれぞれに残しているが、残念ながら自作のクラシック音楽での名声は映画音楽のそれには及んでいないようである。

ただニーノ・ロータが「ゴッドファーザー」(72年、フランシス・フォード・コッポラ監督)などでハリウッドの映画を手がけ、活躍の場はイタリアにとどまらないのに対し、ルスティケリのほうはイタリアを中心にヨーロッパにとどまった印象がある。ビリー・ワイルダー監督の「お熱い夜をあなたに」(72年)など、イタリア・ロケのハリウッド作品は手がけているようであるが。その音楽の印象も、ニーノ・ロータのほうがよりジャズの影響が強い。ニーノ・ロータの手がける音楽の中で、ジャズをはじめとするアメリカ音楽の要素はすごく面白い。ジャズにしても、本物のジャズではない。そのあたりのニュアンスが僕たちにもすごく影響している。僕もまた本物のジャズはできないし、わからないのだから。

また一方でニーノ・ロータにはルスティケリとは違って前衛的なところがあり、シンセサイザーのような音を使っている。フェリーニの「サテリコン」(69年)や「カサノバ」(76年)などの前衛性はすごい。ロータは80年代に一時期再ブームが起こった。当時20~30代のミュージシャンたちの間で流行ったのである。おそらく79年に彼が亡くなったということもきっかけとしてあるのかも知れない。当時いちばんよくニーノ・ロータを演奏していたのは、ゲルニカというバンドをやっていた上野耕路で、ヨーロッパ映画を上映しながら生で演奏するということを行っていた。

ルスティケリはロータのような前衛趣味には走らなかったが、1曲だけとても明るい曲があるのが印象的である。何と《サテリコン（Satyricon）》（＊編集部註）という曲で、仲間のコシミハルがカバーしている（アルバム『エコー・ド・ミハル　echo de MIHARU』に収録）。80年代半ば、デザイナーの林和子さんによるクードゥピエというブランドのファッションショーで使われていたのを聴いて衝撃を受け、調べてもらったら、ルスティケリの音楽であった。どんな映画なのかはわからないのだが、ルスティケリの唯一といってよい明るい曲である。

（13年4月下旬号）

＊編集部註：ジャン・ルイジ・ポリドーロ監督の69年イタリア映画“Satyricon”で、日本劇場未公開。フェリーニ作品とは全く関係ないですが、「華麗なる堕落の世界／続・サテリコン」というタイトルでテレビ放送されたことがあるようです。

⑨ひらめきのあるニーノ・ロータ音楽

フェデリコ・フェリーニ監督、ニーノ・ロータ作曲コンビの代表作というのは数多くあるが、日本で最初に知られた映画というと、やはり「道」（54年）だろうか。これは僕の母親・父親世代はかなりかぶれた映画である。

そういえば以前、父親の若い頃の写真をたまたま見る機会があったのだが、そこに手書きのキャプションで、ジュリエッタ・マシーナが演じた「道」のヒロインの名前である、「ジェルソミーナ」という文字が書かれていたことを覚えている。どうしてそれが書かれていたのか、いまでもよくわからないのだが、父や母の世代の青春の思い出と、「道」という映画の持つイメージがどこかで重なっているのだろうと思う。

日本で「道」が公開されたのが１９５７年で、子どもであった僕はその公開当時には観ていない。「道」はビデオになってから初めて観ている。映画は観ていなかったが、音楽はラジオからよく流れていた。作曲家ニーノ・ロータという名前も公開当時から印象に残っている。音楽は《道》というタイトルではなく、《ジェルソミーナ》というヒロインの名前が曲名になっていて、映画のオリジナル・サントラのほかにも、いろいろなアレンジで演奏されていた。その中でも僕が最初にいい音楽だなと思ったのは、ザ・スリー・サンズというアメリカのコンボが演奏した、非常にアメリカナイズされたバージョンである。当時大ヒットしていた。《ジェルソミーナ》は最初映画音楽というより、ポップスとして聴いていたわけである。

それから前回でも触れたように、時代を経た80年代になって、ニーノ・ロータはニューウェーブ世代の音感にマッチして、再びその存在を認識されるようになった。おそらく「道」や「カビリアの夜」(57年)といった比較的オーソドックスなフェリーニ作品ではなく、「8½」(63年)のようなちょっと難解な映画のほうに、ニューウェーブな感覚があったのである。そういう意味ではカルロ・ルスティケリも、ピエトロ・ジェルミも80年代にはすっかり忘れ去られており、話題にはのぼらず、フェリーニとロータばかりであった。その中でも芸術家の苦悩を描いた「8½」がいちばん人気であり、退廃的な現代人を描いた「甘い生活」(60年)も同じく人気であったように思う。

ロータの音楽は僕も「甘い生活」の中で流れたインストゥルメンタルの《キャデラック(Cadillac)》(アルバム『プロムナード・ファンタジー』に収録)や、《カビリアの夜(Le Notti di Cabiria)》をカバーしている。

ロータが再び脚光を浴びだした80年代頃から、《キャデラック》のように、自分にはどうやっても作れないようなひらめきのある音楽を、いつかやろうと思っていて、ずいぶん前にはなるが時間をかけてやっとできたという次第である。だいたい良い音楽というのは聴いているだけで満足してしまうので、それをカバーしようという気にはなかなかならない。それに、カバーするためには曲の構造を全部把握して、分析し、譜面に起こさなくてはいけないのだが、そうすると完成されたものを分解してしまうことになり、バラバラになってしまう。どこにそのスピリットがあるのか、見失ってしまうのである。音楽は分析するのではなく、全体像をぼーっと見ていたほうがいい。

いちばん大事なことは映画を観たときに、驚いたり感動したりした気持ちをそのままキープできるかどうかということで、それを見失わずに分析するためには、細心の注意が必要になる。ましてや《キャデラック》は聴くのは心地良いが、演奏するのはかなり難しい音楽である。ごく自然に展開しているように聴こえるのだが、ここにこの和音か、と驚くところが随所にある。さまざまな作曲技法を駆使しており、ポップスの作曲家ではなかなかそういうことはできない。やはりロータにはクラシック音楽で学んだ、ベーシックな作曲力があると思う（それはルスティケリも同じである）。

ロータはフェリーニとのコンビ作以外にも「ゴッドファーザー」（72年、フランシス・フォード・コッポラ監督）をはじめ有名な映画音楽を数多く残しており、軒並みすごいのであるが、とりわけ一世を風靡したのは「太陽がいっぱい」（60年、ルネ・クレマン監督）だろうか。あの音楽を聴くと、具体的なシーンを思い出す。「太陽がいっぱい」もいわゆるどマイナーと言われる音楽で、すごく技巧的で、ユニークな展開をしている。これもちょっと真似のできない音楽である。

フェリーニに戻ると、ニーノ・ロータが１９７９年に亡くなったあとも映画を撮り続け、ルイス・バカロフやニコラ・ピオヴァーニといった作曲家が音楽を担当し、それぞれにかなりニーノ・ロータ的なアプローチをしていたと思うが、何かが足りないように感じていた。「ジンジャーとフレッド」(86年)が公開されたとき、往年のタップダンス・コンビが主人公だというそのテーマも興味深かったので、期待して映画館に観に行ったのだが、映画の結末も苦く、寂しい思いがしたことを覚えている。

とはいえニーノ・ロータがいなくなったからといって、フェリーニを観なくなるということはなかった。「ジンジャーとフレッド」も去年ＤＶＤで観直す機会があり、改めていい映画だなと思った。やはり大人にならないとわからないものはある。

さて、ルスティケリやロータのほかに、イタリア映画の作曲家といえば誰がいるだろうかと考えていたら、エンニオ・モリコーネを忘れていた。次回になるかどうかわからないが、いずれの機会に。

(13年5月下旬号)

「カビリアの夜」

ララー
ラ

⑩理想的な組み合わせ

前々回であったか、カルロ・ルスティケリの《サテリコン》という曲を聴いたのは林和子さんというデザイナーのファッションショーであったと紹介したが、同じショーで使われた音楽でもう一つ印象に残った音楽があって、それがジャン＝ジャック・ベネックス監督の「ベティ・ブルー／愛と激情の日々」（86年）からの曲であった。

最初にその音楽を聴いたときは映画の原題である「朝、37・2度（37°2 le matin）」というタイトルしか情報がなく、いったい何のことなのかわからなかった。音楽だけ先に聴いて、あとから映画のことを知ったのであるが、これは最近でも稀にみる、いい音楽だなと思った。フランス映画であるが、音楽はかなりイタリア的である。作曲はガブリエル・ヤレド。ヤーレドとか、ヤーレとも言っていたが、当時まだ30代の若いアラブ系の作曲家で、「ベティ・ブルー」を聴いて、才能ある人が登場したなあと感心したものである。

１９８０年代の映画では、ほかにも特に、「バグダッド・カフェ」（87年、パーシー・アドロン監督）が気に入っている。この映画の主題歌であり、ジェヴェッタ・スティールという歌手が歌った《コーリング・ユー（Calling You）》は、映画音楽として最後の輝きがあると思う。

僕はこの主題歌を作曲し、映画全体の音楽を手がけたボブ・テルソンというアメリカ人作曲家の仕事に、これ以降注目するようになった。彼はその後もパーシー・アドロン監督とコンビを続け、次作の「ロザリー・ゴーズ・ショッピング」（89年）も悪くなかったが、コンビ3作目となる「サーモンベリーズ」（91年）がまた良かった。

カナダ出身のカントリー歌手で、トランスジェンダーで普段から男性のような格好をしているk・d・ラングという女性歌手がいるのだが、彼女が映画初出演しており、まさに男のような役柄を演じている。アラスカの氷土が舞台になっており、内容はつかみにくい映画なのであるが、音楽は素晴らしい。ボブ・テルソンが作曲した主題歌をk・d・ラングが歌っているのであるが、これが名曲である。いまでもときどき僕は自分のラジオでこの曲を流したりしている。

映画がヒットして、音楽も映画に寄り添ったとてもいい曲や歌が使われており、それ自体も大ヒットしたという、映画と音楽の理想的な組み合わせのほとんど最後の例が、この「バグダッド・カフェ」ではないかと思う。ほかにはせいぜい「ニュー・シネマ・パラダイス」（88年、ジュゼッペ・トルナトーレ監督）くらいであろうか。

映画と音楽が理想的に組み合わさった、古い映画の例ならいくつもある。キャロル・リード監督で、アントン・カラスのチターの音楽が圧倒的な「第三の男」（49年）もそういった映画の代表例であるが、ほかにも僕が奇跡的な映画だと思うのは、ジュールス・ダッシン監督、メリナ・メルクーリが主演した「日曜はダメよ」（60年）というギリシャ映画である。ダッシンは舞台となるギリシャの地を訪れるアメリカ人旅行者の役で俳優として出演もしている。同名の主題歌《日曜はダメよ（英語題はNever on Sunday）》はアカデミー賞の歌曲賞も受賞（作曲はマノス・ハジダキス）し、世界中で大ヒットしたが、あまりにも音楽が流行り過ぎて、飽きるほど聴いてしまったので、公開当時は映画を観ないまま過ごしてしまった。

わざわざレコードを買ったり、映画館に観に行ったりしなかったものの、恐ろしいことに脳の中に記憶はすべて残っていて、それが何十年も経ったあるとき、何かのきっかけで刺激されると出てくるということがよくある。ここ十数年くらいであろうか、それをあれこれ検索したり、発見したりして、改めて映画を観たり、音楽を聴いたりしている。もう一度自分の記憶を再確認したい時期なのである。

「日曜はダメよ」もそういった映画の一つであって、あるときなぜか無性に観たくなり、ちょうど20世紀フォックスからDVDが出ていたので入手して初めて映画を観たのが、いまから10年ほど前であろうか。

舞台となったギリシャという国の風土が好きなのか、人々が好きなのか、理由ははっきりとはしないが、とにかく素晴らしかった。映画は、フェリーニの「カビリアの夜」（57年）などとも共通していると思うが、娼婦たちの生活を描いている。そして娼婦を演じたメルクーリの、いろいろなトラブルがあるにせよ、悲劇があるにせよ、最後は海に出ればすべて問題は解決する、というようなセリフがあって、それが大好きなのである。そういうセリフがあるからこそ僕には大事な映画である。いま、ギリシャが財政破綻していても人々の気持ちが悲観的でないのも、そういう気持ちなのかなとも思う。

《日曜はダメよ》はカバーもいっぱいある歌の一つであるが、ほとんどは英語でのカバーで、もともとのギリシャ語の歌詞はよくわからず、いまだに謎である。そしてやはりオリジナルのメリナ・メルクーリの歌がいい。

というわけで、「日曜はダメよ」は何から何まで気に入り、映画のタイトルロゴまで好きになって、僕の『HoSoNoVa』(11年)というアルバムのロゴは、デザイナーの岡田崇くんにデザインしてもらって、この「日曜はダメよ」のタイトルロゴを真似してもらったぐらいである。あのロゴは、今後も当分使うかも知れない。

(13年6月下旬号)

「日曜はダメよ」

Written and
Jules

⑪テーマは貧乏をどう生きるか

「第三の男」（49年、キャロル・リード監督）ほど、一つのテーマ曲が繰り返し流れ、同じ音色で全篇突き進んだ映画も少ないであろう。この映画のおかげで日本はもちろん、世界中の人が、映画で使われているチターという楽器の存在と、アントン・カラスというチター奏者の名前を知ったのではないかと思うし、僕もその一人である。

そんなチターの音がいま聴いても圧倒的で、好きな映画の一本である。光と影の巧みな使い方も印象に残っており、いまだに暗闇の中に光るカフェ・モーツァルトが目に焼き付いている。そういう店に行きたいなと思ったし、いまでもウィーンに行くことがあるとすれば、映画の中に登場した、あの遊園地に行き、観覧車を見てみたいなと思っている（何しろいまだにあの遊園地が現存しているというのがすごい）。映像と音楽だけの、台詞一つないラストシーンにも、これこそ映画のマジックであると感心した。

有名なテーマ曲は、ビールのCMソングでも使われていたが、けっこうロックバンドもコピーしていて、ザ・ビートルズも、正式なアルバムにはないが、若い頃のライブで演奏したという音源がある。ザ・バンドというアメリカのバンドもやっているし、僕もやっている（DVD『TOKYO SHYNESS』06年）。

ところで映画を観て、その音楽を聴いていいなと思うときは、たいていフィルムの光学録音の音がいいのである。最近よく、デジタルリマスターなどといって、音源だけ残っているのをデジタル化してサントラにするケースがあるが、本来の映画の音と変わってしまう場合が多い。サウンドトラックというのは、そもそも光学録音、フィルムに焼き付けた音をそのままレコードにしたものをいうのであり、それが素晴らしいのである。余分なものをクリアにしたり、逆に際立たせようと加工すると、味わいが全くなくなってしまう。

1970年代に流行りだした音のことで、ドンシャリという言葉が音楽業界にある。ドンというのは低音、低域のことで、シャリというのは高音、高域のこと。要するにドンとシャリだけで、中域が少ない。アタックのあるいまどきっぽい音のことで、それがポップスの作り方として、70年代から実はいままでずっと続いている。ダンス・ミュージックから発しているのだが、リズムを強調するという手法である。

サウンドトラックというのはその対極にあって、中域がすごく豊かであり、逆にドンとシャリがない。レンジが狭い。でも、それが魅力的なのである。最近僕はレコーディングするときは、いつもそういったサウンドトラックのような音を目指している。

新しく出るサウンドトラックのCDにがっかりすることが多いのは、映画音楽のスコアをもとに、いまどきのオーケストラが再現するからで、やたらにきれいな音なのが、全くピンとこない。映画の中にある、ひずみのある光学録音の音が理想なのである。

「第三の男」はラストシーンがいい映画の筆頭だが、ヴィットリオ・デ・シーカ監督の「ウンベルト・D」（52年）のラストシーンも良かった。ここ数年ほどの間にDVDで初めて観たのだが、犬だけが友人の、一人暮らしの孤独な老人が主人公で、若い頃に観てもその良さはわからなかったのではないかと思う。

ちょうど同じ時期、チャールズ・チャップリンが作曲した《スマイル（Smile）》をアレンジしてドキュメンタリー番組のテーマ音楽を作る仕事を依頼されていたのだが（『NHKスペシャル シリーズ マネー資本主義』）、その曲が使われたチャップリンの映画「モダン・タイムス」（36年）と同様、番組も、貧乏というのがテーマであった。亡き小沢昭一さんも「貧乏こそが世界を救う」と語っていたが、実際、成長し続けるなんて誰も思っていない。とりあえず明日の景気が悪くなければいいと思っているだけ。貧乏をどう生きるか、というのがこれからのテーマなのではと思っている。そんな貧しさを逆にかっこ良く過ごそうというか、ファッションに取り入れようという動きが、日本だけではなく、世界的な流れとしても出てきている。たとえばこれはショーン・レノンから教えてもらったのだが、ブルックリンにカンゲロシ・カーズ（Cangelosi Cards）という変わった名前の、おそらく20代の若いバンドがいて、30年代の大恐慌風ファッションを身につけ、ジョージ・ガーシュウィンの音楽などを演奏していた。単にレトロということとは少し違っていて、古いもの、貧しいものを取り入れながら新しいことをやろうとしているのだ。

同じ時期に、ランブリン・ジャック・エリオットという80歳を迎えた白人フォーク・ブルースのおじいちゃんが素晴らしいアルバムを作ったのだが、その楽曲が全部、30年代の大恐慌の時代に作られたブルースであった。僕と同じことを考えていたので、なんだ、同時進行でそういうことがあるのだな、という確信が持てた。別にそれを面白がっているわけでもないし、警告を発しているわけでもない。ただそういう空気があるということを、世代や地域を問わず、感じているのである。

そういう貧しい時代や貧しさをテーマにした古い映画や、新しい映画でも、たとえば「ウィンターズ・ボーン」(10年、デブラ・グラニック監督)のように、暗い映画を最近よく観る。恐怖に免疫をつけるためにホラー映画を観るのと同じように、貧乏に免疫をつけようという思いがあるのとともに、そこにこそいまの時代の空気を感じるのである。

(13年7月下旬号)

(注)

この場面の
画面が暗くてよくわからない
んですがエビスビールが
飲みたくなる音楽が流れてます。

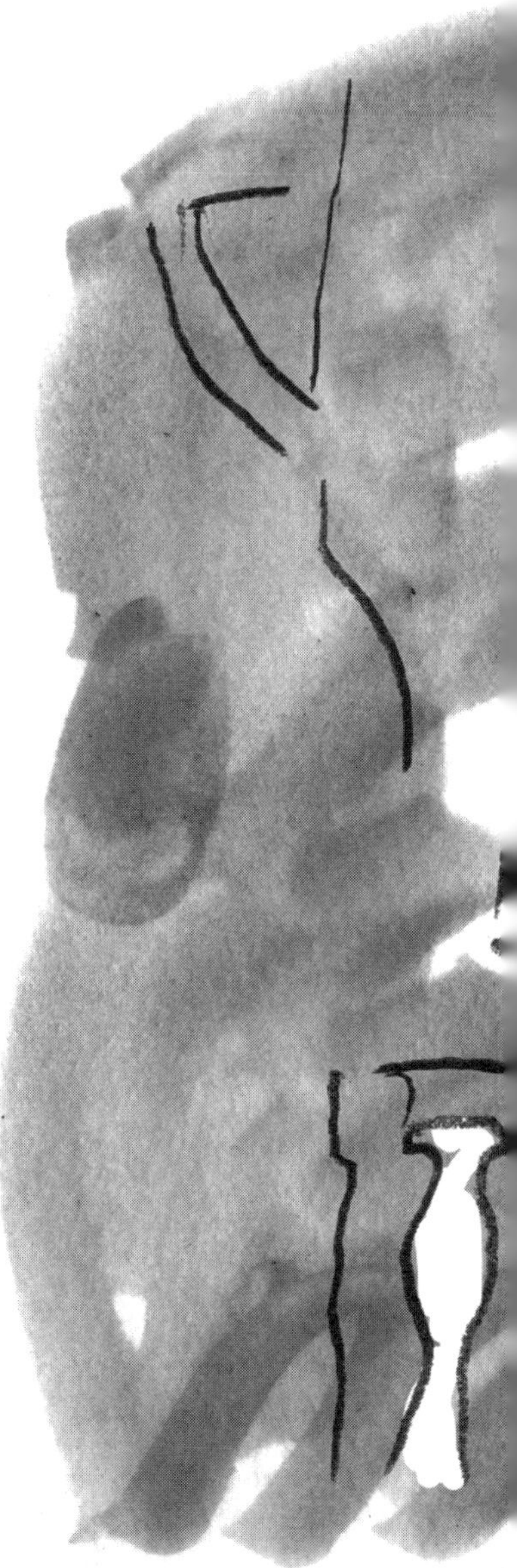

「第三の男」

はっ
我に返った声
キャウン キャウン
するっ

「ウンベルト・D」

⑫フランスとモーリス・ジャール

フランス映画は子どもの頃から観ている。もっぱらテレビを通してであったが。

小学生の頃、平日午後のテレビに『奥様映画劇場』(正確な番組名は憶えていないが)といった映画番組があって、もちろん奥様ではなかったが、そこで何本かフランス映画を観た記憶がある。「巴里祭」(33年、ルネ・クレール監督)や「巴里の空の下セーヌは流れる」(51年、ジュリアン・デュヴィヴィエ監督)、「天井桟敷の人々」(45年、マルセル・カルネ監督)といった映画をやっていたと思う。中でもいちばん印象に残っているのが、マルセル・カルネ監督の「愛人ジュリエット」(51年)。ただこの映画の音楽は全然憶えていない。

フランスの映画音楽というと、シャンソンが流れるくらいで、特に印象に残っているものはなかった。映画音楽作曲家としてもしかりで、もし印象に残っている作曲家がいるとすれば、最初にモーリス・ジャール(Maurice Jarre、1924年~2009年)の名前を挙げておきたい。もっとも彼が〝フランス映画の作曲家〟という括りになるのかは疑問である。最初に彼の名前を認識したのが、デイヴィッド・リーン監督のイギリス映画「アラビアのロレンス」(62年)だからである。

「アラビアのロレンス」は中学1年か2年のとき、この連載でも何度か触れたテアトル東京で公開当時に観た。そんなに好きな音楽かというとそれほどでもなかったのだが、あのテーマミュージックが耳にこびりついてしまって、とにかくサントラ盤も買っている。当時はこの「アラビアのロレンス」とか「ベン・ハー」(59年、ウィリアム・ワイラー監督)といった、特に歌が入っているわけではないのだが、シンフォニックなサントラがヒットすることが何年か続いた、ちょっと珍しい時期であった。

「アラビアのロレンス」の映画自体はとても好きな映画である。ラクダの乗り方を知ったのもこの映画で、後年、エジプトのピラミッドに行ったとき、ラクダに乗せてもらったのだが、片足で胡坐をかいて乗るという、この映画を観て憶えていた乗り方が役に立ったのである。

ともかく、この映画でモーリス・ジャールの名前を初めて聞き、その後、同じデイヴィッド・リーン監督による「ドクトル・ジバゴ」(65年)で、有名な《ララのテーマ(Lara's Theme)》をはじめとするもっとリリカルな音楽に出合った。映画自体も好きな映画であるが、こちらは音楽もすごく好きになった。うっとうしい場面から急に花畑のシーンになったときに、この《ララのテーマ》がかかったのを憶えている。むしろどちらかというと、音楽に魅入られた映画と言えるかも知れない。こうしてだんだん意識的にモーリス・ジャールを聴くようになり、好きになっていった。

ジャールはその後もデイヴィッド・リーン監督との仕事が続き、「ライアンの娘」(70年)もそうであったが、おそらくほとんど全部追っかけて観ている。

その後もたとえば１９８０年代以降のアメリカ映画を観て、ああ、いい音楽だなと思って調べてみるとモーリス・ジャールだったことが何度かあった。たとえばピーター・ウィアー監督でハリソン・フォードが主演した「刑事ジョン・ブック／目撃者」（85年）。映画自体もアーミッシュの村が舞台になる、ちょっと風変わりなテイストであったが、テーマ音楽もとてもユニークで、気に入っている。この頃からジャールの音楽はほかの作曲家とは違って、どこか民族的な要素があるということに気づいた。

決定的に彼の音楽が素晴らしいと思ったのは、これはドイツ映画であるが、フォルカー・シュレンドルフ監督の「ブリキの太鼓」（79年）である。この映画音楽は誰と言わず、当時のミュージシャンたちに大きな影響を与えており、イギリスのＪＡＰＡＮというロックバンドは、ブリキの太鼓を意味する『ティン・ドラム』（81年）というタイトルでアルバムを作ったくらいである。僕も最初は映画がちょっと面白そうだなと思って劇場に観に行って、出てくるときにはもう音楽が、響きがこびりついて離れなかった。初めて聴くような音楽であった。

モーリス・ジャールが音楽を手がけている映画を遡って観てみようと思って、ＤＶＤを手に入れたのが、１９６０年のジョルジュ・フランジュ監督のフランス映画「顔のない眼」。いまなお影響を与えていると言えようか、近年のペドロ・アルモドバル監督の「私が、生きる肌」（11年）がこの映画に似ているが、ちょっと怖い映画である。この音楽がまた良かった。ほかに「シベールの日曜日」(62年、セルジュ・ブールギニョン監督)もそうやってあとになって観た映画なのであるが、これも素晴らしい音楽である。

こうやってみると、国もジャンルも多彩な作品を手がけているモーリス・ジャールの魅力をひと言で言うのはなかなか難しいし、いまだに謎も多いのであるが、まず旋律があるというのが、ほかの映画音楽作曲家、少なくとも巨匠と呼ばれる作曲家たちと比べて決定的に違うと思う。その旋律もちょっと民族音楽的というか、クラシックというのではなくて、ドボルザークのようなボヘミアン的な音色が感じられるのである。

旋律と、和音というところで言えば、僕のたとえば「銀河鉄道の夜」(85年、杉井ギサブロー監督)などは、モーリス・ジャールの影響を受けているのだろうなと思う。

とにかくフランスという国では括れない作曲家である。

(13年8月下旬号)

⑬ミシェル・ルグランを「再発見」

前回のモーリス・ジャールに続き、フランス映画の作曲家ということで、今回はミシェル・ルグラン（Michel Legrand、1932年〜）について触れてみたい。

とはいえ、ミシェル・ルグランについて僕は、長い間偏見を抱いていた。「シェルブールの雨傘」（64年、ジャック・ドゥミ監督）や「おもいでの夏」（71年、ロバート・マリガン監督）などが有名であるが、いわゆる渋谷系の、シャバダバダの世界……という色眼鏡で見ていたのである。「愛と哀しみのボレロ」（81年、クロード・ルルーシュ監督）の音楽はルグランとフランシス・レイとの共同で、ルグランのオーケストレーションが素晴らしかったのは記憶にあるが、そういうこともやる人なんだなと思った程度である。何となく聴いてはいたが、それほどすごいとは思っていなかった。ミシェル・ルグランを僕が「再発見」したのは実はここ数年のことである。

そもそものきっかけは、例によって小さい頃の記憶に遡る。小学生の頃の僕はラジオ少年で、当時はラジオから世界各国の多彩ないい音楽がたくさん流れていた（そういう音楽を自然に聴いて育ち、いまの僕が形成されているとも言える）。そんな中、小学4年生か5年生の頃、たぶん毎朝6時半とか7時くらいに始まるＮＨＫラジオのニュースと情報の番組があって、早起きであった僕はそれを聴くのが習慣であった。その番組のテーマ音楽としてオープニングに流れるのが、口笛によるシャンソンで、それが素晴らしく、毎日のように聴いていたその音楽がその後もずっと頭にこびりついていた。

後にそれが《ア・パリ（À Paris）》というフランシス・ルマルク作曲によるシャンソンであることがわかった。ルマルク自身も歌っているが、有名なのはイヴ・モンタンが歌っているものである。だが、NHKのラジオ番組で流れていたのは歌ではなく、口笛による演奏で、途中からオーケストラになっている。パリに行ったときに知り合いのミュージシャンに尋ねたりしたのだが、それでも誰が演奏しているのかわからなかった。あるとき、『週刊新潮』の「掲示板」というコーナーでその曲の演奏者について尋ねたこともあった。だが読者の方からは「《ア・パリ》はフランシス・ルマルクだ」といった便りが何通か届くばかりで、正解にたどり着くことはできず、僕もいい加減なものでそれ以上の詮索はしないまま十何年と過ぎていった。

ところが数年前、いろいろな音楽を集めてくれるリサーチャーの岡田崇くんという友人がいて、彼にこの曲のことを話したら、かなり苦労したようだが遂に見つけてきてくれた。それが何と、ミシェル・ルグランの演奏によるものであったのである。その曲が入っているアルバム（『I LOVE PARIS』54年）は、まだ若き日のルグランによる初期のアルバムで、収録されているイージーリスニングはどれも本当に素晴らしい。これまでのルグランに対する僕の偏見を一掃する出合いであった。

《ア・パリ》はミシェル・ルグラン・オーケストラによる演奏なのだが、アルバムの解説文によると口笛は作曲者であるルマルク本人が吹いているという。ルグランは何度か来日していて、彼と連絡が取れる知り合いがいたので、そのことを聞いてもらったところ、あの口笛はルマルク本人が吹いているというようなこと言っていたらしい。本当かどうかはともかく、ものすごくうまい。自由自在で素晴らしい口笛である（後日、やはりルマルク本人の口笛だということが判明した）。

ルグランは「女は女である」（61年）や「女と男のいる舗道」（62年）など、初期のジャン＝リュック・ゴダール監督の映画音楽も手がけており、その頃の音楽がたいへん興味深い。映画監督もそうであろうが、作曲家はその初期にやっていたことの中にその人の本質が表れている。初期のアルバムを通して、ルグランの確かな才能を知ることになり、イメージだけで偏見を持つことの怖さを思い知った。


ルグランが活躍を始めた1950年代のフランス（だけに限らないだろうが）というのは、若きミュージシャンや作曲家たちが、既存の音楽業界に対する反発を持ちながら、情熱に燃え、新しくて素晴らしい音楽を始め出した時代なのだと思う。いまやみんな年老いたり、亡くなったりした人も多いが、ルグラン、ポール・モーリア、レイモン・ルフェーヴルといった、いまでも名前を知られている大家がみな仲間として活躍していた。映画でも同じように、ゴダールやフランソワ・トリュフォー、ルイ・マルといったヌーヴェルヴァーグと呼ばれる若き監督たちが活躍し始めた時代で、若き音楽家たちとコンビを組んで新しい映画を、新しい音楽を生み出していったのだと思う。

その情熱から作られた音楽は本当に素晴らしい。ヒットメイカーに対する偏見や先入観があって、若い頃はちゃんと聴いていなかったのであろう。その良さに気づくことはなかった。50〜60年代のフランスのポップスについても同様である。アメリカ音楽ばかり聴いていた僕は、フランスはシャンソン以外面白い音楽はないと思っていた。ところが2年ほど前に出たミシェル・ポルナレフのＣＤを買って聴いたのだが、若い頃はメガネをかけたチャラチャラした音楽だと思っていた偏見がいまでは取れてきたからか、ちゃんと聴けた。よくできた音楽だと思った。

そういう再確認、再発見を行っているいまの僕は、ポール・モーリアのイージーリスニングさえ侮れないと思いながら聴いている。

（13年9月下旬号）

⑭僕とパリとゲンスブール

僕にとってのフランスの音楽は、映画音楽という以上に、まずシャンソンである。好きな曲が山ほどある。

シャンソンは戦後すぐの、1945年から10年間くらいがいちばん華やかな時代であったと思う。戦前は公開されなかった30年代のフランス映画の名作が一挙に公開されていったのもこの時期である。だがその後は徐々に、日本ではもちろん、フランス本国でも一部を除いて、シャンソンは忘れられてしまったかのようになってしまった。

そういえば最近、フランス語でヒップホップをやっているのを聴いたことがあるが、すごんでいてもどこか可愛いらしくて、何だか似合わない。ヒップホップはむしろ日本語のほうが合っているかも知れない。

フランスでは毎年6月21日の夏至の日に「音楽の日（フェット・ドゥ・ラ・ミュージック）」というのがあり、音楽のために町が人々に開放される。その日は誰でも路上で音楽を勝手に演奏してよいのだという。数年前パリに行ったとき、たまたまその日にあたり、朝から旅情溢れる音楽が町いっぱいに聴こえるのかなと期待したのだが、いざ始まってみるとほとんどがエレキバンドで、ただむやみにうるさくて、店に逃げ込んだことがある。それぞれが勝手に演奏するので、よけいに増幅される。これがもし生の楽器で密やかにやっていたら、これほど素晴らしい音場はなかったであろうが、町中がただ混乱しているだけであった。そのとき初めて僕は、増幅文化はもう駄目だなと思ったものである。

映画音楽の話に戻すと、それほどフランス映画を熱心に観てきたわけではないので、あくまでも印象なのであるが、いかにもフランス映画らしい音楽の使われ方をする映画は今日ではどんどん少なくなり、ハリウッド映画のようになっていったように思う。おそらくジョルジュ・ドルリュー（Georges Delerue、1925年〜1992年）あたりが、フランス映画の伝統を汲む映画音楽の巨匠なのだと思うが、残念ながらあまり詳しくない。僕の仲間のコシミハルなどは、2013年に出したアルバム『Madame Crooner』にシャンソンや、アメリカのスタンダード・ジャズが入っていたりするのであるが、その中にはドルリューへのオマージュがあるようで、かなりのドルリュー好きである。

僕が観てきたフランス映画で印象に残る音楽を思い出してみると、まずジャン・ギャバンが主演した「現金《げんなま》に手を出すな」（54年、ジャック・ベッケル監督）がある。《グリスビーのブルース（Le Grisbi）》が有名で、アメリカではザ・スリー・サンズという3人組がカバー演奏して大ヒットした。作曲したのはジャン・ヴィエネル（Jean Wiener、1896年〜1982年）という人で、詳しくは知らないのだが、フランスの現代音楽の作曲家だと思う。そういう人が映画音楽をやると面白いものができる。

時代をずっと下って近年でいえば、ジャン＝ピエール・ジュネ監督の「アメリ」(01年)が、少しシャンソン的なというか、フランス映画らしい音楽を使っていて面白く感じた。

そして何よりもアニメーション映画の「ベルヴィル・ランデブー」(03年、シルヴァン・ショメ監督)が素晴らしかった。あれほど音に繊細な映画はほかになく、ショックを受けたくらいである。「ベルヴィル・ランデブー」は個人的にも周囲の人間に薦めて回った。ショメ監督は、次の「イリュージョニスト」(10年)も面白く観た。これはジャック・タチのオリジナル脚本をもとにしたアニメーションで、タチその人を思わせる老手品師が主人公。アニメだが、主人公はもちろん、登場人物の動きもまさにジャック・タチ映画そのものである。

そう、ジャック・タチこそ、僕にとってもっともフランス的なのである(その中で使われる音楽も含めて)。そういえば前回に紹介した《ア・パリ(À PAris)》の作曲家フランシス・ルマルクも、ジャック・タチの「プレイタイム」(67年)の音楽を担当している。ルマルクもフランス的な、町の音楽家である。

それからもう一人、これも映画音楽の作曲家、という仕事にとどまらないのだが、セルジュ・ゲンスブール(Serge Gainsbourg、1928年〜1991年)も忘れられない。彼のポップス作品はどれも素晴らしい。

1979年頃だったか、YMOでパリ公演をしたとき、僕はゲンスブールとパリの街角で偶然すれ違っている。その日は公演の数日後、ラジオの公開録音の生放送に出演したのだが、マイクロバスに乗ってラジオ局に行こうとしたら渋滞に巻き込まれたか道に迷ったか、とにかく時間がなくなり、車を降ろされてその先のラジオ局まで走れと言われ、みんなでバラバラに走っていったことがある。ところが僕と高橋幸宏は少し後ろから走ることになったので、途中でそのラジオ局の場所がわからなくなってしまった。きょろきょろしていたら、黒いコートを着て、帽子をかぶった男が僕のところに近づいてラジオ局ならあっちだよと教えてくれた。その人がゲンスブールであった。すれ違ったというか、遭遇したわけである。

おそらく当時フランスでもＹＭＯは流行っていたから彼も聴いていてくれていて、僕たちのことも認識し、ラジオ局を探しているんだなと判断して教えてくれたのだと思うけれど、それきりなので真相はわからない。ただそんな不思議な出会いが、僕とパリとゲンスブールをいまでも結びつけてくれている。

（13年10月下旬号）

⑮稀代のニューマン・ファミリー

ここ数回の連載では、国別の映画音楽作曲家ということで、イタリアとフランス映画の作曲家について触れてきたが、今回からアメリカ篇に移ろう。そしてアメリカの映画音楽といえば、まずは〝ニューマン・ファミリー〟から紹介したい。

ニューマン・ファミリーは、映画会社20世紀フォックスのオープニング・ファンファーレの作曲をはじめ、フォックスの音楽部長として長きにわたりハリウッドで活躍したアルフレッド・ニューマン（Alfred Newman、１９００年〜１９７０年）と、その弟のエミールやライオネルを第一世代とする、ニューマンの姓を持つ一族で、僕にとって最も重要なランディ・ニューマン（Randy Newman、１９４３年〜）らの第二世代、さらにその下と三世代にわたり、親子・兄弟・親戚など十数名のニューマンが何らかの形で音楽に関わり、いずれも優れた仕事を残している。彼ら一族を称してニューマン・ファミリーと呼んでおり、これは本国アメリカではもちろん、アメリカ映画や音楽に詳しい人になら誰でも通じる一般的な呼称である。

一族の筆頭となるアルフレッド・ニューマンについて僕は、そもそも「西部開拓史」（62年）が公開された中学生のときに観に行って、その映画音楽の作曲家として名前を覚えた。この映画は親子三代にわたる一家の西部での生涯を描いた、全5話からなるシネラマ大作西部劇で、ヘンリー・ハサウェイ、ジョン・フォード、ジョージ・マーシャルの3人の監督が手分けして監督している（ノン・クレジットでリチャード・ソープが、各話のつなぎのシーンを監督しているらしい）。スケールの大きいテーマ音楽が印象深いが、本篇は非常に叙情的でそれも素晴らしかった。それでサントラ盤も買ってしまった。

１９００年にコネチカット州ニューヘイヴンに生まれたアルフレッドは、30年にアーヴィング・バーリン（Irving Berlin、１８８８年〜１９８９年）とともにハリウッドに移り、映画音楽を手がけるようになった。亡くなった70年にも「大空港」（ジョージ・シートン監督）の音楽を手がけており、生涯現役で40年間、映画音楽一筋に過ごした。映画以外にはクラシックを集めたアルバムを少し出しているくらいで、現代音楽やポップスなどの作曲は見当たらず、まさにハリウッドの職業映画音楽作曲家である。

キャリアも長くて手がけた作品もたくさんあり、「慕情」（55年、ヘンリー・キング監督）、「王様と私」（56年、ウォルター・ラング監督）などアカデミー賞受賞も多いが、音楽監督として、バーリンなど有名な作曲家のアレンジなどにも業績を残している。そういう点では作家性を控えた優秀なオーケストレーターとも言える。その多作な作品群を前にすると、これが特徴だとひと言で言いにくい。それは映画に音楽を捧げているからだ。アルフレッドが手がけた映画で歌曲が使われているものは、イングリッド・バーグマンが主演した「追想」（56年、アナトール・リトヴァク監督）の原題でもある《アナスタシア（Anastasia）》という曲が有名だ。これはすごくヒットしたけれど、アルフレッドのオリジナル作曲なのか、資料がなくてちょっとわからない（※編集部註）。

ただ、アルフレッドの初期のソープオペラみたいな映画の音楽をいくつか聴いてみたけれど（これは全部アルフレッドのオリジナル・スコアである）、たいへん面白いものであった。「誰が為に鐘は鳴る」（43年、サム・ウッド監督）や「シェーン」（53年、ジョージ・スティーヴンス監督）などを手がけたヴィクター・ヤング（Victor Young、１８９９年〜１９５６年）のような作曲家はメロディにこだわった人で、エバーグリーンの曲になっているものが多いが、アルフレッドはメロディというよりむしろ弦の和声のオーケストレーションがとても美しく、そこに本領があるのだろう。おそらくこの時代の作曲家はみなドビュッシーなどの影響を受けていると思う。

41年にアカデミー賞音楽賞を受賞した「Tin Pan Alley」（40年、ウォルター・ラング監督）というミュージカル映画をアルフレッドが手がけているのも少なからず僕との縁があると言えるが、彼のキャリアでもう一つ印象深いのは、チャールズ・チャップリンとの仕事である。アルフレッドはチャップリンが監督した「街の灯」（31年）と「モダン・タイムス」（36年）の2本の映画で、音楽を担当している。

「街の灯」のほうは《花売り娘（原題はLa Violetera）》というインストゥルメンタルが使われ

ているが、実はこの曲はもともとスペインの音楽がオリジナル（ホセ・パディージャ作曲）にあって、チャップリンがやや強引にそれを自分のものとして使ったらしい。アルフレッドは下請けとして、オリジナルに忠実に作っている。とてもいい曲なので僕もライブで一度歌ったことがあるが、もともと女性の歌なのでそのときは歌詞を変えて歌った。

「モダン・タイムス」の音楽はアルフレッドとチャップリンが共同でクレジットされているが、有名な《スマイル（Smile）》については、アルフレッドではなくデイヴィッド・ラクシン（David Raksin、１９１２年〜２００４年）という作曲家がアレンジしている。「ローラ殺人事件」（44年、オットー・プレミンジャー監督）のテーマ曲《ローラ（Laura）》でも知られる人である。アルフレッドは果たして途中でチャップリンと喧嘩したのか、降りたのかどうかよくわからない。

職業映画音楽家という枠にとどまらず、その豊かな音楽性をもって数多くの映画に貢献したアルフレッド。彼からニューマン・ファミリーの系譜が始まっていく。

（13年11月下旬号）

※編集註：いちばんヒットしたパット・ブーン・バージョンのレコードを見ると、レーベルには〝ANASTASIA（Webster, Newma）〟と表記。ポール・ウェブスターは作詞家なので、ニューマンの曲であることは間違いないと思われます。

⑯第二世代ランディの華麗なる軌跡

ニューマン・ファミリーの第二世代、アルフレッド・ニューマンの甥（つまりアルフレッドの弟の息子）にあたるのが、ランディ・ニューマン（Randy Newman、１９４３年〜）である。

いまでは「トイ・ストーリー」（95年、ジョン・ラセター監督）などのアニメーションをはじめ、映画音楽作曲家としての面がよく知られているランディであるが、もともとはソロのソングライターとして活躍を始めた。プロデューサーのレニー・ワロンカーとともにワーナー傘下のリプリーズ・レコードに移籍し、ヴァン・ダイク・パークスやハーパース・ビザール、ハリー・ニルソンらのアルバムに曲を提供して有名になった。その頃から僕はランディの存在を認識している。

１９６８年にはその名も『ランディ・ニューマン』（Randy Newman、68年）というデビュー・アルバムを発表した。確かジャケットがランディの顔のアップというデザインであった。そのライナー・ノーツにアルフレッドの甥だということも紹介してあったように思う。

続いて『12ソングス』（12 Songs、70年）、『セイル・アウェイ』（Sail Away、72年）といったアルバムを発表している。『セイル・アウェイ』は名盤であった。タイトル曲もとても好きな曲である。

ちなみにリプリーズを傘下にするワーナー・レコードというのは当時、ハリウッドの隣バーバンクにあって、ランディ・ニューマンもヴァン・ダイク・パークスもザ・ビーチ・ボーイズもまとめて、〝バーバンク派〟というように僕たちは呼んでいた。20代の頃、そのバーバンク・サウンドが憧れであった。だいたいハリウッドは狭いところなので、ハリウッド近辺で作られる音楽はほとんどすべてバーバンク的だったと思っている。そしてレニー・ワロンカーがそういういちばん良いミュージシャンをピックアップしてきた張本人なのだろうと思う。

ランディ・ニューマンはこの連載でも少し触れてきたように、20世紀のアメリカ音楽を代表する音楽家であり、最も重要な音楽家の一人であると僕は思っているのであるが、その音楽をひと言で説明するとなるとなかなか難しい。不思議な音楽である。彼の歌い方もそうであるが、まずかなりダウン・トゥ・アースで、ちょっとブルース的なアプローチだと言える。けれどもそのバックボーンには非常にヨーロッパ的な香りもある。おそらくそれは、移民の家系、ジューイッシュの家系と関連しているのかも知れない。

いまはほとんどなくなってしまったが、和製英語でコミック・ソングともいう、ノベルティというジャンルの音楽がある。ランディ・ニューマンはこのジャンルの最後の音楽家とも言える。《ショート・ピープル（Short People）》（77年）という曲が印象的であるが、背の低い人を差別しているかのような歌詞で、もちろんジョークなのだが、大ヒットした一方で、全米のラジオ局で放送禁止にもなった。

そのようなランディが、きっかけは何だったのかはわからないが、80年代から本格的に映画音楽を手がけるようになった（すでに71年に日本では劇場未公開の「Cold Turkey」という映画の音楽なども担当しているようだが）。「ラグタイム」（81年、ミロス・フォアマン監督）、「ナチュラル」（84年、バリー・レヴィンソン監督）、「バックマン家の人々」（89年、ロン・ハワード監督）といった作品である。

そういえば、２００８年の映画、ジョージ・クルーニー監督・主演の「かけひきは、恋のはじまり」の中で、ランディ本人がピアノを弾いている姿も記憶にある。

だが何といっても映画音楽の作曲家としてランディを有名にしたのは、「トイ・ストーリー」を皮切りとするピクサー・アニメーションであろう。「トイ・ストーリー」シリーズや「モンスターズ・インク」（01年、ピート・ドクター監督）とその続篇など、数多く手がけ、「モンスターズ・インク」でアカデミー賞歌曲賞を受賞している。

ランディは果たして伯父アルフレッド・ニューマンの薫陶を受けたのかどうか。彼の私生活や家族のつきあいなどについては全然知らないので、憶測するしかないのだが、２人の音楽にはかなり近いものを感じるので、おそらくいろいろ教えてもらったのだと思う。ランディは映画音楽を手がける以前のソロの時代から、ブルースの香りの強い人であったが、ときどき映画的なシークエンスが入ってくることがあった。それがアルフレッドと共通しているなあと思ったものである。少なくとも強い影響は受けているだろう。

ニューマン・ファミリーの第二世代といえば、アルフレッド・ニューマンの長男デイヴィッド（David Newman、１９５４年〜）、次男トーマス（Thomas Newman、１９５５年〜）も映画音楽作曲家として知られるが、とりわけトーマスはアルフレッドの才能をよく引き継いでいると思う。最近いいなと思う映画音楽はたいていトーマス・ニューマンだったりする。

僕が以前カバーしたことのある《暗闇のささやき（ウィスパー・イン・ザ・ダーク）》（Whispers in the Dark、アルバム『LOVE, PEACE & TRANCE』などに収録）は同名の映画（92年、クリストファー・クロウ監督、日本劇場未公開）の主題曲だが、これもトーマス・ニューマンの作曲であった。

（13年12月下旬号）

⑰まだまだ続くニューマン一家の系譜

ニューマン・ファミリーについてもう少し触れたい。

第一世代と呼ばれるのはアルフレッド・ニューマンだけではなく、彼の弟にあたるエミール（Emil Newman、１９１１年〜１９８４年）、ライオネル（Lionel Newman、１９１６年〜１９８９年）もそれぞれ映画音楽の作曲家である。エミールのほうは「我等の生涯の最良の年」（46年、ウィリアム・ワイラー監督）などがフィルモグラフィーにあるが、詳しくは知らない。ライオネルのほうは兄アルフレッドの手引きで20世紀フォックスに入社し、２００本以上の映画音楽を手がけている（多作なのはアルフレッドも、エミールも同じであるが）。マリリン・モンローが主演した「紳士は金髪がお好き」（53年、ハワード・ホークス監督）や「帰らざる河」（54年、オットー・プレミンジャー監督）などがいまでも知られており、大事な作曲家の一人であると思う。１９６９年の「ハロー・ドーリー！」（ジーン・ケリー監督）ではアカデミー賞ミュージカル音楽賞を受賞している。

第二世代はランディ・ニューマンを中心に、アルフレッドの次男であるトーマス・ニューマンについても前回触れたが、名前だけ挙げていた一つ年上の長男デイヴィッドも少し紹介しておきたい。彼は父アルフレッドが音楽を担当した56年の「追想」（アナトール・リトヴァク監督）の、アニメーションによるリメイク（20世紀フォックス初のアニメーション映画だという）である「アナスタシア」（97年、ドン・ブルース＆ゲイリー・ゴールドマン共同監督）の音楽を担当するという縁を持つ人で、この映画はアカデミー賞主題歌賞と音楽賞にもノミネートされた。ティム・バートン監督の短篇映画「フランケンウィニー」（84年）の音楽（共同）で作曲家デビューし、今日に至るまで活躍を続け数多くの映画音楽を手がけている。

こういった第二世代のさらに次の第三世代にも、ミュージシャンや作曲活動をしている人が多くおり、ライオネル・ニューマンの孫にあたるジョーイ・ニューマン（Joey Newman、1976年〜）という映画音楽作曲家もいるというが、ここまでくるといったいどんな人がいて何をやっているのかは、よくわからない。

ただ、まさに〝ニューマン・ファミリー〟と呼ぶにふさわしい音楽一族であることは間違いない。ニューマン・ファミリーについての評伝や研究書が出ていればきっと読むのだが。伝統芸能や工芸技術と同じように、何世代にもわたって音楽の仕事をファミリーとして行うというのはヨーロッパやアメリカでは多いのかも知れないが、ここまで才能ある人が何人も出てきているのというのは、珍しいのではと思う。

音楽の資質が、どこかでつながっているというのも面白い。うまく説明はできないが、ヨーロッパ的なものと、アメリカの南部の香りが両方混ざっているような感じが、アルフレッドからランディまで共通しているような気がする。ランディの、ダウン・トゥ・アースで歌っている曲の途中から映画音楽になってくるというのはさすがというか、ちょっとほかのフォーク系というか、シンガー・ソングライターではありえないアプローチなのである。ニューマン・ファミリーならではの特徴といえるだろう。

そんなファミリーの筆頭であり、キリよく1900年生まれであるアルフレッド・ニューマンこそが、映画を通して、間違いなく20世紀の音楽を引っ張っていった作曲家の一人である。

アルフレッドが活躍した50年代は、ちょうど僕の子ども時代に重なることもあって、この時代の映画音楽作曲家には僕の気になる人がたくさんいる。

ウクライナ出身だというディミトリー・ティオムキン（Dimitri Tiomkin、1895年〜1979年）もそんな気になる作曲家の一人で、僕にとっては不思議な存在である。何より名前の響きが不思議で、かえって覚えてしまったくらいということは、この連載でも以前触れたかと思う。アカデミー賞歌曲賞を受賞した「真昼の決闘」（52年、フレッド・ジンネマン監督）をはじめ、「ジャイアンツ」（56年、ジョージ・スティーヴンス監督）や「リオ・ブラボー」（59年、ハワード・ホークス監督）など、とにかく観る西部劇にすべてティオムキンの名前を見かけるという時期があったほどである。

と言いつつ、同じ時期の「静かなる男」（52年、ジョン・フォード監督）や「シェーン」（53年、ジョージ・スティーヴンス監督）などの西部劇の音楽を手がけたのはヴィクター・ヤング（Victor Young、１８９９年〜１９５６年）で、この人の名前もよく見かけた。彼はシカゴ出身のユダヤ系。アルフレッド・ニューマンは20世紀フォックスの音楽監督であったが、ほぼ同時代に彼はパラマウントの音楽監督を務め、「旅愁」（50年、ウィリアム・ディターレ監督）、「80日間世界一周」（56年、マイケル・アンダーソン監督）など、アルフレッドに劣らず数多くの映画音楽を手がけている。自らのオーケストラで「エデンの東」（55年、エリア・カザン監督）のテーマ曲（この曲自体の作曲家はレナード・ローゼンマン）を編曲・指揮したレコードは、日本でも大ヒットした。重要な職業映画音楽作曲家の一人であるが、《マイ・フーリッシュ・ハート（My Foolish Heart）》、《ラヴ・レター（Love Letters）》など、ジャズのスタンダード・ナンバーの作曲家としても知られる。いずれもメロディが素晴らしいのが彼の特徴で、僕の好きな作曲家である。

この時代のアメリカ映画の音楽でまだまだ紹介したい作曲家はいるのだが、また別の機会に。

（14年1月下旬号）

⑱「シェーン」にまつわる音楽の発見

お正月明け早々、実は風邪をひいて寝込んでしまっていた。ここ数年風邪などひいたことなどなかったのだから珍しい。おそらくノロウイルスにやられたのだと思う。ずっと寝ているしかなかったので、暇をもてあまし、音楽を聴いたり、インターネットの検索機能であれこれと調べものをしたりして過ごしていたのだが、そこで自分にとっての新たな発見があった。映画「シェーン」（53年、ジョージ・スティーヴンス監督）の、ある音楽にまつわる発見である。

「シェーン」は公開されたとき（アメリカと同じ53年）に、姉と一緒に映画館に観に行った。小学生のときで、観終わったあと2人とも感動して、家に帰ってからも映画や音楽の話で盛り上がったのを覚えている。そのまま姉はシェーンを演じた主演のアラン・ラッドのファンになった。この映画でラッドは「0・6秒の早撃ち」と宣伝され、その銃さばきも含めてカッコ良さが日本でも人気となったが、ハリウッドスターにしては小柄（1メートル68センチというデータがある）で、それがより親しみを感じさせたのかも知れない。とにかく当時、ブロマイドもずいぶん出ていて、売れていた。

「シェーン」は音楽も話題となった。手がけたのはこの連載の前回でもメロディが素晴らしいと紹介した、ヴィクター・ヤングである。テーマ曲《The Call of the Faraway Hills》はいまでも誰もが知っている映画音楽の代表的な名曲であるが、日本では《はるかなる山の呼び聲》というタイトルで、「青いたそがれ　山が招くよ呼んでゐるよ」といった日本語歌詞をつけ（訳詩：井田誠一）、雪村いづみさんが歌ったSP盤が発売されてこれも大ヒットした。

雪村いづみさんは当時15～16歳で、これもカバー曲《想い出のワルツ》の大ヒットで一躍人気の少女歌手として売り出されていた頃である。《はるかなる山の呼び聲》のSP盤は親戚の家にあり、といっても自宅の隣だったので、しょっちゅう遊びに行っては聴いていた。A面の《はるかなる山の呼び聲》もいいのだが、ひっくり返してB面を聴くと、これもいい曲なのである。ワルツの曲である。ただそのメロディだけはずっと記憶に残ったまま、残念ながらタイトルは忘れてしまっていた。

それがいまから20年ほど前であろうか、僕はローレンス・ウェルク・オーケストラというイージーリスニングの楽団が好きで、ボックスのセットを買ったら、その中に雪村いづみさんが歌っていたB面の曲と同じメロディがあって驚いたことがあった。タイトルを見ると、《Put Your Little Foot（プット・ユア・リトル・フット）》とある。この曲だったのかと喜んだのであるが――それから20年が経ち、ノロウイルスにやられた今回、ふとヴィクター・ヤングについていろいろ調べていたら、《Eyes of Blue（アイズ・オブ・ブルー）》という曲にぶちあたった。これがタイトルは違うが、メロディは同じなのである。

どういうことなのかさらに調べていくと、《Put Your Little Foot》も《Eyes of Blue》も、その曲のオリジナルとしてさらに古い曲があることにいきついた。《Varsovienne（ヴァルソヴィアンヌ）》という、19世紀フランスの舞踊曲である。作者不詳の、伝承音楽のようなものである。それがアメリカやメキシコなどに伝わってスクウェアダンス（フォークダンス）の曲になっているらしい。国によって《アメリカン・ヴァルソヴィアナ》とか、《メキシカン・ヴァルソヴィアナ》というように、いろいろなタイトルになっている。インターネットで《ヴァルソヴィアナ》を検索すると、そういったスクウェアダンスの定番の曲、もしくはその踊りのステップばかり結果として出てくる。《プット・ユア・リトル・フット》で検索すると、子どもの歌のジャンルに入っている。《アイズ・オブ・ブルー》になると、大人の恋を歌うワルツになるから面白い。同名異曲というのはよくあるが、同曲異名、しかも3つも違うタイトルのある曲というのはあまり聞いたことがない。

おそらくヴィクター・ヤングもそのスクウェアダンスの曲のメロディをアレンジして、「シェーン」に使ったのであろう（ポップ・ミュージックにすごく近寄った人だなとも改めて思う）。シングルカットされたものとは多少アレンジが違い、またほんの短いフレーズなのであるが、何度か印象的に使われている。サントラには特に曲名はなく、シーンのタイトルがつけられているだけである。当時「シェーン」がヒットして、その主題曲もヒットし、その流れで「シェーン」のほかの曲もシングルカットしようということになり、歌詞をつけ、《アイズ・オブ・ブルー》というタイトルにして女性歌手に歌わせたのであろう。ただしこちらは《はるかなる山の呼び聲》ほどにはヒットしなかったのか、アメリカではほとんど知られておらず、レコードとして残っているのも2人しかいないようである。雪村いづみさんのB面の曲も、《アイズ・オブ・ブルー》というタイトルがつけられて歌われていた。「愛の光りをいつもたたえ切ない心を見つめてくれる……」（訳詩は井田誠一）。またこの曲はペギー葉山さんも《青き瞳／アイズ・オブ・ブルー》というタイトルで、訳詩も違うもので歌っていることも見つけた。

時を超えて、遺跡を発掘したような気分になったというのが、最近の発見である。ペギーさんはこの連載当時はまだまだ現役で歌われていたので、機会があれば《アイズ・オブ・ブルー》を生で聴きたかったのだが……。それより、自分でもカバーしようかどうかと考えている。せっかくの発見なので、いずれ本当にやるかも知れない。その場合のタイトルはどうしようか……。

（14年3月下旬号）

⑲憧れの「5つの銅貨」名シーン

職業柄ゆえ、だけでもないと思うが、作曲家やミュージシャンなど、音楽家の伝記映画や、実在のミュージシャンが出演する映画に興味があり、つい観てしまう。そんな音楽家の映画として最初に意識したのが、「5つの銅貨」(59年、メルヴィル・シェイヴルソン監督)である。日本公開は1960年だから、もう中学生になっていただろうか。たぶん家族と観に行ったのだろう。

実在したコルネット奏者で、ディキシーランド・ジャズの〝ファイヴ・ペニーズ〟楽団を結成したレッド・ニコルズの半生を、妻や娘たち、家族との触れ合いとともに描いた映画である。レッドを演じたのはダニー・ケイで、「ダニー・ケイの新兵さん」(44年、エリオット・ニュージェント監督)といった自分の名前が邦題についた何本ものコメディや、「虹を摑む男」(47年、ノーマン・Z・マクロード監督)、「ホワイト・クリスマス」(54年、マイケル・カーティス監督)などで日本でもすでに人気があったと思うが、僕はこの映画でファンになった。もともとブロードウェイ出身であり、歌手としても知られたダニー・ケイなので、「5つの銅貨」でも彼が歌うシーンがいくつかあるが、全部自分で歌っている。ただしコルネットの演奏自体は当時存命であったレッド・ニコルズ自身が吹き込んでいるらしい。

田舎から出てきた青年であるレッドが、プロの楽団に入ってミュージシャン仲間や、後に妻となる歌手のボビーと出会い、やがて自分の楽団を結成する。ボビーと結婚し、娘のドロシーを授かる一方で楽団のレコードも売れ、レッドは全米中を巡業し人気を博すが、ある日、娘が小児マヒであることがわかる。音楽に熱中して家族を顧みなかったことを後悔し、娘のそばにいて病気を治すことを選んだ彼は音楽の道を断念するが……といった物語の展開に合わせて、随所に当時実際に演奏されたジャズの音楽や、この映画のために作曲された曲が流れる。その音楽や歌がどれも素晴らしく、時代背景となる20年代から40年代にかけての音楽の変遷もよくわかる。また音楽のシーンとストーリーとのつながりも自然で、これぞ音楽映画という見本である（音楽監督はリース・スティーヴンス）。

実際のミュージシャンも多数出演していて、有名なところでは何といってもサッチモことルイ・アームストロングが本人役で登場している。僕が彼を知ったのもこの映画がきっかけだったかも知れない。ハーレムあたりのクラブでルイ・アームストロングがセッションをしていて、そこにダニー・ケイ扮するレッドが奥さんのボビーと見にくるというシーンがある。コルネット奏者である旧知のレッドに気づいたサッチモが、彼を舞台に呼ぶ。呼ばれたレッドは照れながらも舞台に上がり、レッドとサッチモたちのぶっつけ本番のセッションが始まるのであるが、これが素晴らしい。自由で楽しげな雰囲気が、演出された映画の一シーンであるはずなのに、いきいきと伝わってくる。

これはミュージシャンにとっては憧れのシーンなのである。

僕がひと月かふた月に一度くらいのペースで、青山にある「Cay（カイ）」というクラブレストランでやっている〈デイジーワールドの集い〉というライブも、そもそもは「5つの銅貨」のこのシーンに憧れ、それを再現できればいいなあと考えて始めたものなのである。だが、なかなかあんなふうにうまくはいかない。やはりそこはジャズのほうが自由度が高いからなのだろうか。サッチモたちのセッションは、営業でやっているというより、毎日遊んでいるという感じで、つまり音楽を心から楽しんでいるのがわかる。そういうところに、僕はいまもすごく影響を受けていると思う。

「5つの銅貨」にはまた、3つの曲を3人が追っかけるようにして歌い、ハモっていく、三重唱の有名なシーンがある。すべてこの映画のためのオリジナル曲で、ピアニスト兼作家で、ダニー・ケイ夫人でもあったシルヴィア・ファインが作詞作曲したものであるが、ダニー・ケイが《ラグタイムの子守唄（Lullaby in Ragtime）》、ルイ・アームストロングが《グッドナイト・スリープ・タイト（Goodnight, Sleep Tight）》、そして娘のドロシー（スーザン・ゴードン）が《ファイヴ・ペニーズ（The Five Pennies）》を歌う。この3曲はコード進行が同じに作られているため、きれいに重なるのである。《ファイヴ・ペニーズ》という曲自体はその前にラジオでよくかかっていて知っていたのであるが、映画で実際にこの歌のシーンを観て、一緒に観た姉ともども、非常に感動したのを覚えている。

「5つの銅貨」の映画は最後、レッドとかつての仲間たち、妻と娘らも集まっての感動的なエピソードで締めくくられる。心あたたまるストーリーではあるが、レッドについてあまりにも美化されているきらいはある。また、この映画で初めてその名を知った音楽家としてのレッド・ニコルズ自体も、後に実際にレコードも聴いたりしたが、典型的なディキシーランド・ジャズで、突出した存在というほどではない。数々の映画に出演したサッチモがミュージシャンとしても、俳優というかエンターテイナーとしてもその名をいまも残しているのに比べ、レッド・ニコルズという名前を覚えている人は少ないだろう。だとしても、「5つの銅貨」の価値は揺るがない。いまでも僕にとっての音楽家映画のベスト・ワンである。

では僕にとって音楽家映画の2位は何かとなると、これもだいたい決まっている。こちらは知名度も実力もレベルが格段に上がるのであるが、「グレン・ミラー物語」(54年、アンソニー・マン監督)である。

(14年4月下旬号)

⑳銀幕のジャズマンたち

ビッグ・バンド〈グレン・ミラー・オーケストラ〉を結成したバンド・リーダーであり、ジャズ・ミュージシャン、作曲家として活躍したグレン・ミラー（Alton Glenn Miller、1904年〜1944年）は、ジャズの歴史において最も重要な人物の一人であり、20世紀のアメリカ音楽を代表する一人と言っていいと思う。彼が作曲、あるいはアレンジし、自らのバンドで演奏した《ムーンライト・セレナーデ（Moonlight Serenade）》、《イン・ザ・ムード（In the Mood）》《真珠の首飾り（String of Pearls）》、《チャタヌーガ・チュー・チュー（Chattanooga Choo Choo）》など数々の名曲はジャズのスタンダード・ナンバーとして、いまでもどこかで演奏され、耳にすることができる。

このグレン・ミラーの半生を描いた映画が「グレン・ミラー物語」（54年、アンソニー・マン監督）で、音楽家映画としても代表的な作品である。グレン・ミラーをジェームズ・スチュワートが、妻のヘレンをジューン・アリソンが演じていて、この配役もいい。またルイ・アームストロング、ベン・ポラック、ドラマーのジーン・クルーパといった実在のミュージシャンが本人役で出演しているのが例によって楽しく、興味深い。

この映画はアメリカ公開と同じ1954年の日本公開なので、僕はまだ小学校低学年だが、公開当時に劇場に観に行った記憶がある。グレン・ミラーは世代的には僕より上の大人たちの音楽なのであるが、サントラのレコードを買って、ずっと聴いていた。また、確か中学1年の頃だと思うが、実際にグレン・ミラー・オーケストラも来日して、そのコンサートを一人で聴きに行っている。もっともグレン・ミラー本人はその頃にはもう亡くなっており(44年に飛行機事故で亡くなったか消息を絶ったようで、その真相は謎となっているが、とにかく40歳の若さだったということに驚く)、レイ・マッキンレーというドラマーがバンド・リーダーとしてオーケストラを率い、来日したのである。新宿の厚生年金会館の大ホールであったと思う。

前回紹介した「5つの銅貨」や、この「グレン・ミラー物語」の印象もあってか、40年代のジャズマンたちについての、あるいは本人たちが登場する映画がいちばん好きで、小学生の頃からそういう映画をけっこう観ていた。

グレン・ミラーと並ぶビッグ・バンドのリーダーであるベニー・グッドマン(Benny Goodman、1909年~1986年)についても、「ベニイ・グッドマン物語」(56年、ヴァレンタイン・デイヴィス監督)という伝記映画が作られているが、これはあとになってビデオになったときに観た。音楽は良かったが、物語のほうはあまり記憶に残るようなものではなかった。それより、ミュージシャンとして影響されたのは、「ヒット・パレード」(原題はA Song Is Born／48年、ハワード・ホークス監督)という映画で、これもあとになってビデオで観たのだが、たいへんに面白い。「5つの銅貨」と同じくダニー・ケイの主演で、音楽の歴史を調べている堅物の教授陣の一人という役。彼がジャズやブギの音楽を調べようとするうち、ヴァージニア・メイヨ扮する歌手と出会い、惹かれ、ギャングとの争いに巻き込まれるというコメディなのであるが、ベニー・グッドマンもその教授陣の一人として出演しているのである。この映画には実際のジャズマンたちの演奏シーンが随所にあり（もちろんこの映画にもルイ・アームストロングが出ている）、グッドマン自身も演奏するし、ヴィブラホン奏者として知られるライオネル・ハンプトンの素晴らしい演奏《マスクラット・ランブル（Muskrat Ramble）》などが聴ける。

個人的に影響を受けた、音楽が印象に残る映画として、ミュージカル映画「ホワイト・クリスマス」（54年、マイケル・カーティス監督）も付け加えておきたい。タイトルになった主題歌の《ホワイト・クリスマス（White Christmas）》も良いが、何といってもローズマリー・クルーニーの歌う《シスターズ（Sisters）》がとても良くて、これもまたいつもと同様、映画を観終わって家に帰ってから姉と思い出しながら口ずさんだものである。主演はビング・クロスビーとダニー・ケイ、その相手役として《家へおいでよ（Come On-a My House）》などのヒット曲がある歌手としても活躍したローズマリー・クルーニーと、ヴェラ＝エレンという豪華な顔ぶれ。劇中の曲はすべてアーヴィング・バーリンが手がけている。

ミュージカルの流れで続けると、「上流社会」（56年、チャールズ・ウォルタース監督）も印象に残っている。ビング・クロスビーとグレイス・ケリーの主演であるが、フランク・シナトラ、ルイ・アームストロング（自分のバンドとともに出演）らが出演し、それぞれにソロで、または掛け合いで歌うコール・ポーターの音楽が素晴らしい。ルイ・アームストロングの《ハイソサエティ・カリプソ（High Society Calypso）》や、クロスビーとグレイス・ケリーによる《トゥルー・ラブ（True Love）》などが収録されたサントラ盤を、これは20代になってからだが買っている。

こうしてみると、当時の音楽映画にはルイ・アームストロングがよく出ていたなあと改めて思う。小・中学生の頃、テレビの深夜放送で、いまとなっては貴重な映画が毎日のように放送されて楽しみに観ていたのであるが、その中に、ルイ・アームストロングがニューオーリンズからシカゴやニューヨークに行ったりする、ジャズの流れについての映画もあった。もちろん台詞は全篇吹き替えで、音楽のところだけがオリジナルであった。「ニューオリンズ」（47年、アーサー・ルービン監督、日本劇場未公開）という映画であったか、あるいは「ブルースの誕生」（41年、ヴィクター・シャーツィンガー監督）だっただろうか。機会があればまた観てみたい。

（14年5月下旬号）

㉑ジャケ買いで発見した音楽映画

アメリカのミュージカル映画の全盛時代というと1930年代から始まり、40〜50年代になるのだろうか。この時期のアメリカ映画は、戦争中で日本公開されなかったものも多く、公開にもタイムラグがあるが、そもそも僕自身が生まれる前であったり、また公開されたとしても物心つかない子ども時代の映画なので、リアルタイムではなくあとからテレビやビデオで観たものが多い。

かつて渋谷に「すみや」という輸入ビデオやサントラ盤を扱う有名な店があったのだが、まだＤＶＤなどなく、ビデオがようやく出始めたという70年代後半から、そこに通っては観たことのないミュージカル映画、音楽映画のビデオやサントラを〝ジャケ買い〟していた。どれがいいかなと棚を見渡しながら、予備知識なくふらっと買ったものが良かったりするのである。そんな中に「踊るブロードウェイ」(35年、ロイ・デル・ルース監督)や「踊るニュウ・ヨーク」(40年、ノーマン・タウログ監督)といったバックステージものもあったし、エスター・ウィリアムズ主演で、アクロバティックな振り付けや群舞が印象的な「世紀の女王」(44年、ジョージ・シドニー監督)や「水着の女王」(49年、エドワード・バゼル監督)といった水中レビュー映画もあった。「ジーグフェルド・フォリーズ」(46年、ヴィンセント・ミネリ監督)というミュージカルの名シーンを集めたアンソロジー映画（後の「ザッツ・エンタテインメント」のような）なども見つけた。

この時代、つまり初期から40年代くらいまでのミュージカル映画の多くは、もちろん例外も多いだろうが、歌やダンスなどのミュージカル・シーンそのものを見せるのが主であり、ストーリーはほとんど重要ではなく、音楽がつながっているだけの印象の映画が多い。そしてそういう映画が嫌いではなく、けっこう観ていた。もっともビデオよりも、サントラ盤のレコードを買って聴いていただけのものが多いかも知れない。それも一本の映画のサントラ盤というより、さまざまな映画の名曲名シーンを集めた、〝ハリウッド映画特集〟といったレコードである。そういうレコードを聴いて何が面白いかというと、いい音楽を作ってきた作曲家、作詞家たちが綿々と作り上げてきた、土台となっている「音楽の歴史」そのものが伝わってくるからであり、いまだにそれは心に残っている。

当時見つけたアルバムで『フーレイ・フォー・ハリウッド（Hooray for Hollywood）』というのがあった。これがとても好きで、本当に擦り切れるまで聴いていた。中でもジンジャー・ロジャースが歌っている《アイ・ユースト・トゥ・ビー・カラー・ブラインド（I Used to Be Color Blind）》という歌がとりわけ良かったのであるが、調べてみるとフレッド・アステアとロジャースが共演した「気儘時代」（38年、マーク・サンドリッチ監督）の中で歌われていたことがわかった。作曲したのが、前回触れた「ホワイト・クリスマス」の作曲家でもあるアーヴィング・バーリン（Irving Berlin、１８８８年〜１９８９年）だということも知り、改めて感心して彼の経歴や作品を調べていく……という作業というか、興味が広がっていくのである。

「すみや」で発見した映画でもう一本印象に残っているのは、「Star Spangled Rhythm（スター・スパングルド・リズム）」（42年、ジョージ・マーシャル監督、日本劇場未公開）というモノクロ作品。一種の戦意高揚映画だが、ビング・クロスビー、ボブ・ホープ、フレッド・マクマーレイほか当時のオールスター・キャストによるオムニバスで、同じ戦意高揚映画でも当時の日本とは違ってコントあり、笑いあり、音楽ありのエンタテインメントで、すごく豪華に作られている。

この中に使われている曲で、僕が取り憑かれてしまった一曲がある。《ヒット・ザ・ロード・トゥ・ドリームランド（Hit the Road to Dreamland）》という歌である。ジョニー・マーサー（Johnny Mercer、１９０９年〜１９７６年）が作詞、「オズの魔法使」（39年、ヴィクター・フレミング監督）の中で歌われた《虹の彼方に（Over the Rainbow）》も手がけたハロルド・アーレン作曲によるもので、映画の中では列車の食堂車でディック・パウエルとメリー・マーティンが歌い、ウェイターに扮するゴールデン・ゲート・クァルテットの「ラップ」風ゴスペルが加わるのであるが、これが名曲なのである。何とかこれをカバーしたくて、ときどきライブで演奏するのであるが、洗練の極致であるオリジナルの完成度にはいまだ近づけない。

この映画がきっかけでジョニー・マーサーという人を知るのであるが、知れば知るほど興味深い人であることがわかった。クリント・イーストウッドの監督作品に「真夜中のサバナ」(97年)というのがあるが、あの映画で舞台となったアメリカ南部の都市サバナ(サバンナ)の名士の息子だという。それどころか、映画の中で描かれた実際に起きたという殺人事件の舞台となったのが、南軍の将軍、ジョニー・マーサーの曾祖父の建てた邸宅なのである。だからというわけか、この映画の中ではジョニー・マーサーが詞を書いた曲がたくさん使われ、聴くことができる。

その後も「L.A.コンフィデンシャル」(97年、カーティス・ハンソン監督)という映画を観たとき、映画自体も良かったのであるが音楽が良かった(作曲はジェリー・ゴールドスミスだが、50年代当時の既成曲が多く使われている)。ここでも《Hit the Road to Dreamland》が別のカバーで使われているのを発見してうれしくなり、もちろんすぐサントラ盤を買った。

音楽についてそうやっていつも広がっていき、深くなっていくのであるが、だいたい映画が絡んでいるのである。

(14年6月下旬号)

㉒宝物のような映画「ファニー・ボーン」

今回も前回の続きというか、音楽を発見させてくれた映画について、少し紹介したい。初めて観たのはもう15年ほど前になるが、"Funny Bones"という原題のイギリス映画。日本では劇場公開されずビデオが出ただけで、僕もレンタルビデオで観た。タイトルは「ファニー・ボーン　骨まで笑って」(95年、ピーター・チェルソム監督)。その後も日本盤のDVDは出ていないようだが、アメリカ盤は出ていてそれを入手している。

僕にとっては宝物のような映画である。なぜかと言うと、まず一つは、この中でレイモンド・スコット（Raymond Scott、１９０８年〜１９９４年）の音楽が使われているからであり、まさにこの映画によって初めて彼の名前を知った。

レイモンド・スコットについてはこの連載の最初の頃(第4回)、ジョン・ウィリアムズの父親ジョニー・ウィリアムズが彼のジャズバンドのメンバーであったということと合わせて、２０１３年、日本でまとめた2枚組のアルバム『レイモンド・スコット・ソングブック』のことに触れた。

アメリカの作曲家、ミュージシャンであり、電子音楽の先駆者でもあるスコットが活躍したのは１９３０年代から50年代にかけてで、アメリカではほとんど忘れられてしまったようだが、日本では再評価され、よく知られるようになっている。
「ファニー・ボーン」で使われていたノベルティ・ミュージック的な曲が印象に残り、エンド・クレジットを調べようとしたのだが、ビデオの粗い画像だから小さい文字までは見えない。ところがレコード店で偶然サントラ盤を見つけたのである。そしてそれが、レイモンド・スコットの《ペンギン（The Penguin）》という曲であることがわかった。

それから彼についてどんどん調べていって……となるのであるが、音楽だけではなく、映画そのものが僕にとって興味深い。ジェリー・ルイス扮するトップスターのコメディアンを父親に持つ売れないスタンダップ・コメディアンの息子が、ネタを買うためにコメディのメッカとしても知られるイギリスのリゾート地ブラックプールへ行くというストーリーなのであるが、ジェリー・ルイスはもちろん、実在のコメディアンや大道芸人が多数出てきて、彼らの芸を楽しむことができるからなのである。

たとえばジョージ・カールという、もう十数年前に亡くなったが、クラウンのカリスマ的存在の人がいて、マイクの前に立っていたらマイクのコードが身体に絡んで取れなくなってしまうという芸を見ることができる。彼は『エド・サリヴァン・ショー』にも出ていて、そこでも同じ芸をやっていた。

驚いたことに、数年、いやもっと前であろうか、お正月にテレビで『かくし芸大会』をやっていたとき、堺正章さんがこれと同じネタをやっていた。さすが堺駿二を父親に持つコメディアンの家系だなと思うと同時に、番組で彼は「これはジョージ・カールがやっていた」ときちんと紹介していたので、その態度に感心もした。

ほかにも「ファニー・ボーン」には天才コメディアン役でリー・エヴァンスという俳優が出ていた。もともと彼はイギリスのスタンダップ・コメディの出身らしいが、『ザ・レディオ』というネタを見せている。これが素晴らしくてびっくりした。日本盤のDVDもぜひ出してほしいと思っている映画の一本なのである。

最近観た映画としては「フォロー・ミー」(72年、キャロル・リード監督)が気になっている。音楽はジョン・バリー。14年5月に新宿文化センターでコンサートを行った際、オープニングでそのテーマ曲を演奏してみたのであるが、音程をとるのが意外と難しかった。

13年、渋谷のシアター・イメージフォーラムでロマン・ポランスキーのドキュメンタリー(「ロマン・ポランスキー　初めての告白」12年、ローラン・ブーズロ監督)を観たことをきっかけに、ポランスキーの映画を何本か立て続けに観るようになり、「ローズマリーの赤ちゃん」(68年)に主演したミア・ファローつながりで「フォロー・ミー」のDVDを観たわけである。不思議な映画である。

ミア・ファローつながりで言うと、同じコンサートでザ・ビートルズの《ディア・プルーデンス(Dear Prudence)》も演奏したのであるが、プルーデンスというのはミア・ファローの妹の名前である。プルーデンス・ファローという。ビートルズがインドに滞在していた時期、一緒に瞑想の講義を聴いていたのがプルーデンスで、瞑想のあまり部屋に篭もりっきりになった彼女に呼びかけるという内容の曲である。

「ローズマリーの赤ちゃん」（音楽はクシシュトフ・コメダ。『ツイン・ピークス』の音楽を担当したアンジェロ・バダラメンティは、この映画音楽にすごく影響を受けたのだろう）の中で、ミア・ファロー演じる新妻は髪を短く切ってしまうが、ヴィダル・サスーンのドキュメンタリー（「ヴィダル・サスーン」10年、クレイグ・ティパー監督）を観ていたら、彼女の髪を切ったのはヴィダル・サスーン本人で、しかもその様子をイベントとしてお客さんに見せる、という映像があった。

実はヴィダル・サスーンがイギリスからニューヨークへ渡って一世を風靡していた頃、僕もＹＭＯの時代にニューヨーク公演があり、ヴィダル・サスーンのサロンにＹＭＯで行ってテクノ・カットをしてもらったことがある。何しろヴィダル・サスーンはテクノ・カットの創始者であるから。

そんな縁（?）も感じてか、ここ最近、ミア・ファロー関連の映画をいろいろ観直していたという次第である。

（14年7月下旬号）

トコ
トコ
トコ

「用心棒」

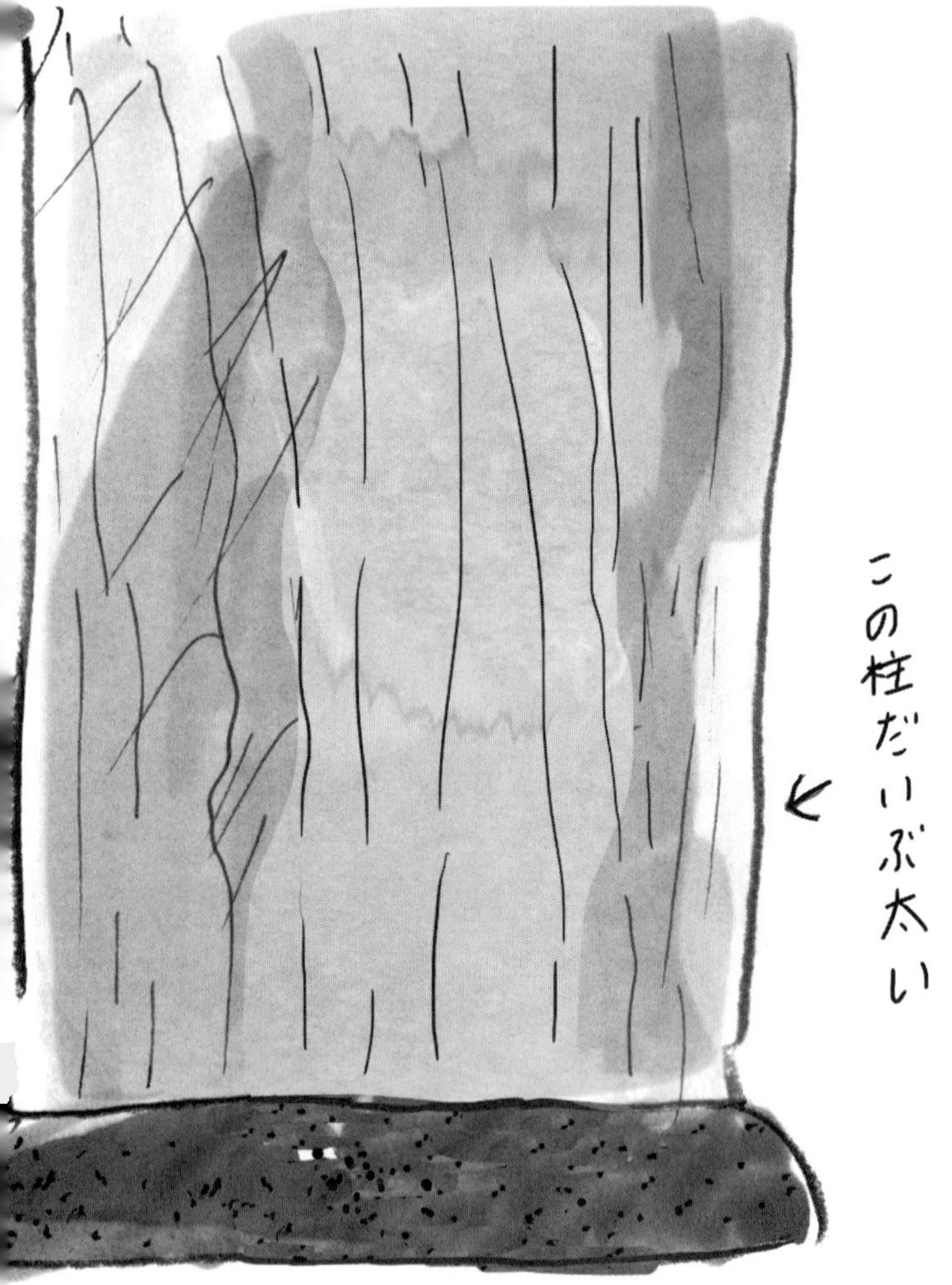
この柱だいぶ太い

「羅生門」

㉓日本映画音楽パラダイス!?

ここ数年、古い日本映画がまた少し気になっている。例によって系統だてて観る、というより、連想のおもむくままに気になる作品を観る、といった感じではあるが、古い日本映画のＤＶＤを買ったり借りたりして観ている。

小さい頃に黒澤明監督の「用心棒」（61年、音楽は佐藤勝）を観て、初めて日本の映画音楽に目覚めたのだが、ビデオもサントラも出てない時代なので映画館に6回観に行ってその音楽を全部覚えた――という話はこの連載でも触れたことがあると思うが、最近になって僕が子どもだった時代の日本映画を観直す機会が多くなった。

きっかけとなった作品がいくつかあるのだが、その一本と言えるのが、数年前にＤＶＤで観直した山田洋次監督の「霧の旗」（65年）。松本清張原作のミステリ映画である。倍賞千恵子演じるヒロインが、地元の九州・熊本から東京まで、汽車や列車を乗り継いで上京してくるオープニングのシーンから好きで、そこにかかる音楽が映画全体のメインテーマともなるのだが、またいい感じであった。

音楽は林光（１９３１年～２０１２年）。林さんは新藤兼人監督の「裸の島」（60年）の音楽も手がけていて、それもエキゾチックな音楽で良かった。「霧の旗」の音楽もちょっと日本映画っぽくない、ヨーロッパ映画に流れてくるような音楽である。山田洋次作品としては「男はつらいよ」シリーズとはまた異なるテイストで、映画全体の雰囲気や登場人物たちにダークな感じが出ていて面白く、山田監督にはあいうテイストの映画ももっと撮ってほしいと思う。

いまでもテレビドラマなどで松本清張の原作は人気のようだが、1950年代末から70年代にかけて、松本清張の小説ブームに応じて、清張ものの映画もよく作られた。リアルタイムで観ているものもあるし、あとからＤＶＤで観たものもあるが、清張ものの映画にはなぜか音楽がいいものが多い。ミステリとかサスペンスといったジャンルは作曲家にとってはイメージが湧きやすいのか、いい音楽をつけやすいのかもしれない。

たとえば野村芳太郎監督の「ゼロの焦点」(61年)という映画があるが、これも音楽が良かった。手がけたのは芥川也寸志(1925年～1989年)。その作曲家としての経歴や業績はあまり詳しくないのだが、純粋音楽の大作を多く残していて、「ゴジラ」で名を馳せた伊福部昭さんから大きい影響を受けたという。

そもそも野村監督自身が「影の車」(70年)、「砂の器」(74年)、「鬼畜」(78年)、「わるいやつら」(80年)など松本清張ものをたくさん手がけているが、ほとんど音楽は芥川也寸志さんで、どれもそれぞれに印象に残る。

やはり清張ものの一作で、これもあとからＤＶＤで観たものであるが、大曾根辰夫監督の

「顔」（57年）という映画がある。原作は同名の短篇小説で、音楽は黛敏郎（1929年〜1997年）。これもなかなか洒落た音楽であった。ところで黛さんが音楽を手がけたアメリカ映画で「天地創造」（66年、ジョン・ヒューストン監督）を公開当時に観たのであるが、この音楽がまるで印象に残らなかった。しかし「顔」はかなりいい音楽だったので、黛さんをちょっと見直すきっかけにもなった。

ミステリ映画の話題からは離れるが、日本映画をまた観直すきっかけとなった作品がもう一本ある。それは川島雄三監督の「洲崎パラダイス　赤信号」（56年）である。

この映画の主題歌がちょっと異様なのである。挿入歌である《洲崎エレジー》（松尾昭典作詞、城多野卓郎作曲、渡久地政信編曲）という歌とは異なり、奇妙なラテン音楽というか、暗い、マイナーな、だがテンポのいいルンバなのである。この歌が気になって、レコードも探したのだが見つからない。挿入歌のほうはビクターのアーカイブスで探してもらい、音源を手に入れた。

映画全体の音楽も、控え目にしか使われていないのが逆に印象に残るいいもので、眞鍋理一郎（1924年〜2015年）が担当している。「愛と希望の街」（59年）、「青春残酷物語」（60年）、「日本の夜と霧」（60年）、「飼育」（61年）など、初期の大島渚監督とのコンビ作をはじめ、その仕事は映画にとどまらずいろいろなジャンルにわたっているようだ。とはいえ、やはり僕は映画を通して日本の作曲家の才気に触れることができたのである。
ただ「洲崎パラダイス 赤信号」は、その音楽が気になった以上に、映画の舞台となった、昭和30年代前半の洲崎（現在の東京都江東区東陽一丁目の旧町名）周辺のロケーションにいたく感動したことが大きい。こんなすごいところがあったのかと、最近になってだが、実際にそのロケ地を訪ねたことがあるくらいである。それは東日本大震災の年の秋頃だったから、2011年の9月であっただろうか。もちろん町の風景は「洲崎パラダイス」の頃とはすっかり変わってしまっており、映画を思い出させるロケーションは、洲崎弁天社以外はどこにもなかったが、一軒だけ、戦後すぐに建てられたという八百屋さんがあって、そこが昭和30年代の面影を残していた。お店の方に尋ねてみると、3・11の地震のときに建物の壁にヒビが入ってしまい、地震対策もあって取り壊しの命令が下ったという。次の年には建物を取り壊さなくてはならないとおっしゃっていた。だからいま訪ねてみてももうその八百屋さんは、少なくとも昔のままでは残っていないだろう。実はそのとき、お店を訪ねた映像をiPhoneで撮って残している。それも懐かしい映像になってしまった。

（14年8月下旬号）

「洲崎パラダイス　赤信号」

㉔映画音楽をやるのは楽しい

前回紹介した日本映画の作曲家たち――佐藤勝、林光、黛敏郎、眞鍋理一郎といった人たち――は、いずれも現代音楽も手がける、というよりそちらが本職の人が多く、僕などとはずいぶん立場が違うのであるが、映画音楽をやるのは楽しいのである。これはみな同じだと思う。

映画音楽は作曲する際に、音楽形式としての制約があまりないということが大きい。僕の立場でいえば、たとえばポップスの作曲をオーダーされる際、時間は3分半で、Aメロディがあり、Bメロディがあって……という形式というか約束が決められているのであるが、映画音楽はただシーンに合わせた構成になればよく、かなり自由度が高い。そして映像と一緒になることで、純粋に音楽だけを作るよりも、何か化学反応が起こって面白くなるのだと思う。

現代音楽の作曲家として国際的に知られ（もっともその方面についてはほとんど知らないのであるが）、映画音楽も数多く手がけた武満徹（1930年~1996年）さんも映画音楽は楽しいと言っていた。ただし黒澤明監督とはもう二度とやらないとも（笑）。

武満さんは黒澤監督の「どですかでん」（70年）と「乱」（85年）の音楽を担当しているが、「乱」

のとき、黒澤監督の指示でマーラー風の音楽をさんざん要求され、「それならマーラーを使えばいいじゃないか」と怒り、以後袂をわかったというエピソードが知られている。

一方、日本映画界にとどまらず、黒澤明監督の音楽に対するセンスはきわめて高いと思う。中でも対位法というのか、シーンの内容とそこにかかる音楽のイメージが全く違っていたり、関係なかったりするから、いっそう効果的になる、という音楽の使い方が実にうまい。「用心棒」(61年)において芸者たちが三味線を使ってマンボをやるシーンは何度か紹介したと思うが、「生きる」(52年)の中でも、ピアニストの市村俊幸さんが弾くブギウギで、病身の主人公が踊るシーンなども印象に残っている。黒澤監督やフェリーニの映画にはよくジャズやマンボが使われているが、僕は以前そういうシーンだけを編集して観ていたことがある。

黒澤明と武満徹、才能のある人間同士だからこそこだわりが強く、お互いに妥協しなかったのだろう。

武満徹さんは黒澤監督との仕事以上に小林正樹、篠田正浩、勅使河原宏といった監督たちとのコンビ作が多く、僕が最初に彼の名前を知ったのも、確か中学生の頃に観たのだと思うが、琵琶の音がとても効果的だった小林正樹監督の「切腹」(62年)である。同じ小林＝武満コンビでは、これはもっとあとになって、実はほんの数年前に阿佐ヶ谷の映画館で観たのであるが、「いのちぼうにふろう」(71年)という映画も印象に残る。内容も音楽もどちらも良いものであった。

映画監督と作曲家のコンビというのは、ほかにも黒澤明と佐藤勝、新藤兼人と林光など、もっともっとたくさん挙げられるだろう。音楽家としてこういう関係にはちょっと羨ましいものがある。

コンビ作といえば、山田洋次監督と山本直純（１９３２年～２００２年）さんのコンビというか、「男はつらいよ」シリーズにおけるテーマ音楽も忘れがたい。あのテーマ音楽は、年を経るごとに僕の中でどんどん好きな音楽になっている。

こうして見ると、日本映画の音楽を手がける作曲家にはそうそうたる顔ぶれが揃っているのであるが、音楽にかける時間や予算は昔もいまも、そう潤沢にあるわけではない。また最近は映画よりもテレビドラマのほうが音楽に力を入れているような気がする……と話は飛ぶのであるが、そう思うのも、ＮＨＫでやっていた連続テレビ小説『あまちゃん』（13年）がとりわけ印象的だったせいである。

大友良英（１９５９年～）さんが手がけたオープニングテーマが良い。最近の流行りの音楽の傾向とは違う、僕好みのノベルティ・ミュージックで、それがいまの日本でヒットしたというのが珍しい出来事であった。

ノベルティ・ミュージックは世界でもほとんど忘れられたジャンルだが、ディズニー・アニメーションの主題歌（「アナと雪の女王」13年）がヒットしたことでも知られるように、クラジカルな歌曲というかたちでは脈々と歴史が続いている。アラン・ジョーンズとジャネット・マクドナルドが共演した「歌ふ密使」（37年、ロバート・Z・レナード監督）という映画があり、その中でジョーンズがロバの馬車に乗った淑女に向かって歌う《ドンキー・セレナーデ（The Donkey Serenade）》という曲がある。これが素晴らしい歌曲で、その後もさまざまな映画やドラマ、アルバムで歌い継がれているノベルティ・ソングなのである。僕は『あまちゃん』を聴きながらこの《ドンキー・セレナーデ》を思い出していた。どこか曲調でつながるところがあったのである。

テレビドラマの音楽についてもう一つだけ。僕にとっていまだに忘れられないドラマの主題歌があって、それはTBSで1969年から70年にかけて放送された『安ベエの海』という昼の帯ドラマの主題曲なのである。あとから調べてみると木内みどりがヒロインを演じており、作曲は水谷川《みやがわ》忠俊（1935年〜）という人。記憶を確かめたくてもう一度聴きたいのだが、音楽も映像も、いま、どこを探しても見つからないのが残念である。

（14年9月下旬号）

㉕僕が関わった映画音楽の話

2014年になって、アニメーション映画「銀河鉄道の夜」(85年、杉井ギサブロー監督)のブルーレイ版が初めて発売されたが、これは僕が初めて映画音楽の作曲を手がけた作品である。

実はその前に一度、「宵待草」(74年、神代辰巳監督)という作品に呼ばれている。そこで最初にしていまのところ最後の経験となったが、リハーサルなしの本番一発録りをやらされた。このときはキャラメル・ママというバンドをやっていた頃で、このバンドメンバーで日活のスタジオ(床が土の小屋だったのを覚えている)に行き、できあがった作品を観ながら演奏する仕事をしている。カントリーをやってくれというのが注文で、言われるままに即興でやったのが、映画との最初の関わりである。自分たちの出来がどうだったかはともかく、一発録りというのはかつての日本映画にはよくあったのではないかという印象がある。

そういえば最近、わりと1950~60年代あたりの日活アクション映画をDVDでよく観る。といっても、ストーリーがどうだと熱心に観るというより、何となくボーッと観ているのだが、どの映画にもたいていクラブのシーンがあって、音楽を演奏しながら主人公たちが踊ったりしている。そこでかかる曲が聴きたくて観ているようなところがある。たいていその映画のために作曲されたオリジナルの曲で、その場の一発録りで演奏しているに違いない。そういう曲のタイトルもあるのかどうかよくわからない音楽に、非常に興味があるのである。

僕の映画音楽の話に戻ると、「宵待草」からだいぶ年月が経ち、「銀河鉄道の夜」の音楽を頼まれたわけであるが、これについては厳密に言えば映画音楽という気持ちはしていなかった。というのはまだ出来上がったアニメーションの絵は一枚もなく、絵コンテだけで音楽を先に作らなければならなかったからである。いったい何曲必要なんですかと聞いたら、概ね30曲だという。映画の音楽はテーマになる1曲を作って、それを使い回しすればいいんじゃないかなと思っていたので戸惑ったし、あまり考えても仕方がないので、これもほとんど即興に近いかたちで作曲した。いろいろと勉強になった仕事である。

その後、この映画の曲はテレビ番組の背景などにも使われたりしたのだが、よく観る番組の一つ、『モヤモヤさまぁ～ず2』でさまぁ～ずの2人が、ちょっと癒し系というか、不思議なお店に入るときにはたいてい「銀河鉄道の夜」の音楽が使われているのである。これはうれしい。音効さんか担当者が好きなのだろう。

アニメーションでは「銀河鉄道の夜」と同じ杉井ギサブロー監督の「紫式部　源氏物語」(87年)の音楽も担当したが、このときの音楽は「銀河鉄道の夜」とはかなり違うテイストで、初めて〝和風〟に直面したものになった。そもそもは東南アジアの音楽風にやりたいと思っていたのだが、それは叶わなかった。僕の勝手な想像では、「源氏物語」の時代は、いまの日本と比べてちょっと気候も違い、住まいも高床式で、いまの東南アジアっぽい風景だろうなという思いがあったのである。しかし当然と言えば当然なのだが、アニメーションの骨格となる絵コンテは紫式部の原作に即したもので、音楽もそれに沿って作っていくことになった。そのおかげで雅楽や和琴《わごん》の奥深さに触れることができたのだが、これ以来、「源氏物語」のような古典は、僕にとって難しい仕事だという印象が残ったのも事実だ。とはいえ、もしまた機会が巡ってくれればの話だが、当時やりたかった汎アジア的なアプローチを追求したいと思うのである。

その頃、吉田喜重監督の「人間の約束」(86年)の音楽も担当しているが、このときは吉田監督にたいへん失礼なことを言ってしまったという悔いがいまも残っている。この映画は、三國連太郎さんが認知症の老人を演じ、認知症や介護の問題、親子の絆を描いた映画であるが、映画音楽のオファーが来て、ラッシュフィルムを見せてもらったのが、ちょうど僕自身の父親が脳梗塞で倒れている頃と重なった。他人ごととは思えないような映画の内容に動揺し、暗い気分になってしまい、「この映画に音楽は要らないんじゃないですか」とつい言ってしまったのだ。吉田監督の心証を悪くしてしまったのでは、といまでも後悔している。

もともと、僕は基本的には、映画に必ずしも音楽がなければならないとは思わないし、作曲家としては作った音楽をふんだんに使ってくれたからいいというものでもないと、日頃から思っている。使うシーンは少なくても、効果的に使われていればうれしい。それが音楽ではなくとも、効果音だけでも成立するし、「音響効果」という面にも興味がある。

たとえばタル・ベーラ監督の「ニーチェの馬」（11年）などは、静かな音楽が控えめに流れる一方で、吹きすさぶ風の音がとりわけ強く印象に残る素晴らしい映画である。監督の音楽に対するセンスは、作曲家に多大な影響を及ぼす、ということは常に思うところである。

犬童一心監督の「メゾン・ド・ヒミコ」（05年）、「グーグーだって猫である」（08年）など、僕の映画での仕事についてはまた改めての機会に続けることにしたいが、一つだけ書き留めておこう。

僕は製作サイドからの依頼を受けて宮崎駿監督の「風の谷のナウシカ」（84年）のテーマソングを書いたのだが、これは結局映画では使われなかった。どうしてなんだろうと思ってずっと生きてきたのである（笑）。いろいろ思うところがあるし、当事者たちのあずかり知らないさまざまな事情もあったのだろう。また、当時はシングル盤の全盛期でもあり、ヒットチャートのための仕事だったともいえるが、それにつけても微妙な感情がそこにはある。

ところで、宮崎駿監督作品でいえば、「風立ちぬ」（13年）の主題歌はユーミンの《ひこうき雲》だったが、あの曲でユーミンの後ろでベースを弾いているのは僕である（笑）。

（14年10月下旬号）

㉖僕の伯父さん、ジャック・タチ

ジャック・タチが好きである。

２０１４年は春から「ジャック・タチ映画祭」が国内各地で行われ、タチ監督の長篇全６作品が、珍しい短篇7本と合わせて劇場でデジタル上映されていて、多くの観客を集めているという。ＤＶＤやブルーレイのＢＯＸも先日発売になったようで、まだ中身は観ていないのであるが、どんな特典映像が入っているのか、楽しみにしている。

「第7回したまちコメディ映画祭」でも、「ぼく・タチの伯父さん」というタイトルでジャック・タチ監督についてのトークイベントがあり、そこで僕は映画祭の総合プロデューサーでもある、いとうせいこうさんとタチについて話をした。話だけではなく、ギターで１曲弾き語りもしたのである。トークイベントでもジャック・タチ作品との出合いの話をしたのだが、僕がジャック・タチを初めて観たのは、小学校5年の頃。両親に連れられてロードショー館で「ぼくの伯父さん」(58年)を観たのが最初である。

気に入った映画の多くがそうであるように、そこでかかった音楽が耳にこびりついて忘れられなくなったのである。劇場からの帰りにレコードショップに寄ってもらって、サントラがあるかどうか探した。残念ながらオリジナルのサントラは見つからなかったが、中島潤さんというジャズ歌手の方が歌ったカバー曲のシングル盤を見つけた。何はともあれそのカバー・シングルを買ったのであるが、テーマ曲のメロディに合わせて、「気のいゝぼくの伯父さん　背高のっぽの伯父さん　いつでもパイプをくわえた　伯父さん大好きさ♪」と歌うもので、日本語の歌詞の内容はさておき、その軽快な旋律が心地よくて繰り返し聴いていた。

この音楽はフランク・バルチェッリーニという人が手がけている。「ぼくの伯父さん」の作曲陣は優秀な人が集結し、敬愛するフランシス・ルマルクもいい曲を書いていて、もう一人アラン・ロマンは、前作にあたる「ぼくの伯父さんの休暇」（53年）も担当している。

したまちコメディ映画祭で弾き語りしたのは、その「ぼくの伯父さん」の日本語歌詞付きのテーマ曲である。もともとは器楽曲なので、歌うとなるとすごく難しい。何とか無事にやれたが、息継ぎがたいへんな曲である。だがもう少し練習して、機会があればライブなどでまたやってみたいと思っている。

「ぼくの伯父さん」が公開された当時、一般的にどういう評判だったのかはよく知らないが、僕にとってはとにかく印象に残りすぎるくらい残った映画の一本である。まず色彩の美しさ。車の色、モダンな家庭のきれいなキッチンが美しく、何か新しさを感じさせると同時に、懐かしい親しみやすさも感じさせてくれる。原っぱでおじさんが売っている揚げパンがおいしそうだったという記憶も強く残っている。台詞は必要最低限しかなく、タチ自ら演じているユロ伯父さんに至っては、「ウ〜」とか「ア〜」とかしか言っていない印象。ほとんど音楽が映画の台詞を演じていてサイレント映画の趣があり、ドラマチックなストーリー展開がないゆえの軽快さが楽しいのだ。ソーセージ工場のシーンなど、チャップリンの映画のようだと思った。

ちょうど同じ時期だと思うのだが、チャップリンの「街の灯」(31年)や「モダン・タイムス」(36年)といった長篇や短篇の映画の数々がテレビで放送されたり劇場で上映されたりしていて、大人たちがチャップリンの映画について、〈ペーソス〉という言葉を使って語っていた。ジャック・タチは、当然チャップリンの影響を受けているのだろうが(パントマイムへの志向も共通している)、ペーソスとはちょっと違うのである。

ではペーソスに対比する言葉は何だろうと思って調べてみると、どうやら〈ロゴス〉らしいことがわかった。ペーソス(パトス)という情緒ではなく、どちらかというと人間を理性的に観察する可笑しさ……そうか、ジャック・タチはロゴスの人なんだ、と考えたのは、「ぼくの伯父さん」を観た頃からずいぶん経った最近のことであるが……。

「プレイタイム」(67年、音楽はフランシス・ルマルク)など特にロゴスの人という感じがある。ここでのカメラは客観的な視点で観察している感じで、あまりアップにもならない。それでいてクスクスと笑える箇所が随所にある映画である。街の中で車が渋滞していて、動かない車の中でみんながそれぞれ申し合わせたように鼻をほじっているところなど、何とも言えない楽しさがある。フランス人も鼻をほじるんだとか、僕も気をつけないとなど、こちらもどうでもいいことを考えながら楽しんで観た。

タチについては大人になってからサントラやビデオ、ＤＶＤなどいろいろ集め、楽しんできた。子どもの頃から30歳くらいまでも、ビデオすらない時代であったが、記憶の世界でタチを楽しんできた。そして、自分にとってタチの映画といえば、音楽が記憶の中心にあった。いまも変わらず、タチの音楽は本当に素晴らしいと思う。いちばんフランスっぽいというか、パリっぽい感じがする。

タチはおそらく普遍的に、音楽的な人ではないかと思う。オリジナルの音楽で、映画によって作曲家は違うようであるが、鼻歌でオリジナルのメロディを作って、それをプロの作曲家に作ってもらったのではないかという気がする。「モダン・タイムス」の劇中で流れる《ティティナ（Titina）》《スマイル（Smile）》などを作曲したチャップリンに似ている。

若い頃、タチはパントマイムの芸人を目指していて、スポーツをネタにした芸でならしたらしい。それはタチが俳優として出演した初期の短篇や、最後の長篇監督作となった「パラード」（74年）などを観ればよくわかる。こういう、身体で表現するタイプのコメディアンが僕のお気に入りで、そういうところもタチとチャップリンには共通点がある。

にもかかわらず、ペーソスではなくロゴスというのが面白い。

（14年11月下旬号）

揚げパンが
とにかく
おいしそう

「ぼくの伯父さん」

㉗忘れがたい「音楽サロン」

今回改めて西部劇についてまとめてみようと思ったところ、その前に一つだけ、全く違う話だが、思い出したことを書き留めておきたい。

というのも最近また日本でもインド映画がちょっとしたブームのようで、何本か劇場公開されているようであるが、インドの映画でもう一度観たいと、ずっと気になっている作品があるのである。

最近のインド映画はあまり観ることができていないのであるが、ただインドやその文化には昔から関心があって、横尾忠則さんと1カ月かけてインド旅行をしたこともあるし、インド音楽に影響を受けて作った曲もある。

アルバムのレコーディングもインドで行ったことがあるのだが、そのとき驚くような経験をした。一般的なテープレコーダーによる録音ではなく、映画のフィルムを使っての光学録音、つまりサウンドトラックに録音したのである。映写機でフィルムを回して、映像はなく、音だけ録音をした。それがインドでは一般的だと聞かされた。

昔の映画のオリジナルサントラなど、光学録音したものを聴くと、ちょっと音がひずんだ感じがあって、それがとてもいいのであるが、インド音楽にひずんだ感じがあったのもサウンドトラックだからかと納得した。もちろん、デジタル録音が主流のいまは、インドでもそんなことはないと思うが。

ずっと気になっているインド映画というのは、インド映画の巨匠と言われるサタジット・レイ監督の「音楽サロン」（58年）という作品である。

日本では劇場公開されず（映画祭で上映されたことはあったらしい）、ビデオもDVDも出ていないのであるが、僕は銀座にあるメゾンエルメスの上映会（毎年テーマを決めて、定期的に無料の上映会を行っている）で一度観たのである。これがとても貴重な映画であった。

戦前のインドが舞台である。旧地主階級の主人公が、財産も土地もほとんど失ったにもかかわらず、近隣の新興富裕商人の男に負けまいと、なけなしの金をはたいて、自分の屋敷の中の音楽サロンで最後の音楽会を開く。没落貴族の哀しみみたいなものが描かれる映画なのであるが、音楽会を行う設定の中で登場する音楽家たちが、おそらくみな実際にプロの人たちで、この音楽会のシーンが素晴らしいのである。

中でも、ソロで登場する老人の歌い手がいて、これがすごい人でびっくりしてしまった。映画の中の時代設定となった1920年代のものか、それよりもっと古い時代の音楽かも知れないが、おそらく伝統的な歌を歌う。それがとにかく歌い手も歌い方も現代とはまるで違う。言葉ではうまく説明できないのであるが、音楽の極意を見せられたというか、聴いていてゾクゾクしてくる。ただその音楽に触れるだけで、僕の中で力が湧いてくるような音楽である。

僕がこれと同じような体験をしたのがほかにもう一度あるのだが、NHKラジオの『ラジオ深夜便』を聴いていたときで、日本の古い浪曲を特集したことがあり、そこである古い女性浪曲師の浪曲を聴いたときの驚きが同じものであった。アラブのコーランの祝詞のような感じの粘りっこい歌い方で、それもどこかでレコードか何かを手に入れたいと思っているのだが、なかなか見つからない（NHKに問い合わせればわかるのだろうが）。

インドの歌い手にしても、浪曲師にしても、声にも歌にも、昔は濃いエネルギーが宿っていたと言おうか。アイヌの人たちの古い歌にもそのようなものがあり、対馬の古いシャーマンの歌にもある。すべてに共通しているものがある。その頂点が、「音楽サロン」の中の歌い手であった。海外ではDVD、ブルーレイが発売されているが、日本でも発売されないものであろうか。

というわけで、ようやく西部劇である。小学生の頃の僕は西部劇少年であり、『ローハイド』や『ララミー牧場』といったテレビ西部劇に熱中し、「シェーン」（53年、ジョージ・スティーヴンス監督）のアラン・ラッドに憧れたという話は、この連載でもすでに何度か触れてきた。

僕にとって生まれて初めて買った映画のレコードが、前回紹介した「ぼくの伯父さん」のシングル・レコードだったのであるが、二番目に買ったのが『ローハイド』のシングルであった。《ローハイド（Rawhide）》がA面で、B面がマーティ・ロビンスの《エル・パソ（El

Paso)》という長い歌だったことを覚えている。

当時はテレビ西部劇全盛の時代で、『ガンスモーク』というドラマがヒットしていたが、これはあまり内容を覚えていない。スティーヴ・マックイーンが主演した『拳銃無宿』(59〜61年日本放映)は、マックイーンが持つ、筒先をちょっと切った短いライフルがあり、それが子どもたちの間で流行り、友だちがそのレプリカを持っていた。同じようにライフルが主役のようなドラマが『ライフルマン』(60〜63年日本放映)で、ライフルの早撃ちや連射などが子どもたちの間でウケていた。

そういう友だちの間で流行ったドラマ以外にも、『西部の対決』(61〜62年日本放映)という、保安官パット・ギャレットとビリー・ザ・キッドの友情と対決を描いた30分もののドラマがあって、これは心理的なドラマだったせいか話題にはならず、僕しか観ていなかった。バリー・サリヴァンという俳優が保安官を演じていて、原題が「ザ・トールマン(The Tall Man)」というものだったことも覚えているが、音楽などの印象はない。

音楽の印象が残っているのは、『ボナンザ』(60〜62年日本放映)。1時間ものの西部を舞台にした一種のホームドラマで、同名のオープニング・テーマがヒットした。

という具合に、次々と当時テレビで観た西部劇ドラマを思い出してきたところで、続きは次回に。


(14年12月下旬号)

㉘僕の西部劇体験

前回の続きで、小学生の頃にテレビでよく観た西部劇ドラマをもう少し紹介すると、2014年7月に亡くなったジェームズ・ガーナーが、西部のギャンブラーに扮した『マーベリック』（57～62年日本放映）をよく観ていた。これはどちらかというとコメディ色が強いドラマであったが、後にメル・ギブソン主演で映画化もされており（「マーヴェリック」94年、リチャード・ドナー監督）、ジェームズ・ガーナーも重要な役どころで出演している。

『西部の反逆児』（60～62年日本放映）という30分もののドラマも、渋い作品であった。南北戦争ものというか、ニック・アダムス扮するジョニー・ユマという元南軍の兵士が西部を放浪する中、さまざまな事件に遭遇する西部劇で、ジョニー・キャッシュが主題歌を歌っていた。このシングル盤のレコードも当時買っている。

ほかに『ブロンコ』（61～62年日本放映）というのも有名だったが、これはあまり観ていなかった。

こういったテレビでの西部劇ドラマの数々が下地にあって、徐々に後追いも含めて、映画館で西部劇を観ていった、というのが僕の西部劇体験である。

若い頃のジョン・ウェインが主演したジョン・フォード監督の「駅馬車」（39年）も、小学生の頃、2本立て興行の劇場で観ている。もちろん、テーマ曲はじめ音楽はそれ以前からよく知っていた(作曲はボリス・モロース)。馬車の暴走シーンなどが、とりわけ印象に残っているが、何といってもジョン・ウェインがかっこ良かった。ライフルを持つ姿がよく似合う。馬に乗るのもうまい。

何というタイトルだったかは忘れてしまったが、やはり小学生の頃に観た別の映画で、ジョン・ウェインが馬に乗り、いつの間にか敵陣に囲まれていくというシーンがあり、危険を感じたジョン・ウェインが馬に乗ったまま後ずさりしていくのを見て、すごいなあと感心したことをずっと覚えている。ただ図体がでかいので、馬が小さく見えて可哀想だなとも思ったが。最近のクリント・イーストウッドに至るまで、西部劇スターと呼ばれる人は本当にみな馬づかいがうまい。

ほかにジョン・ウェインの西部劇で印象に残るのは、ハワード・ホークス監督の「赤い河」(48年、音楽はディミトリ・ティオムキン)である。テレビドラマ『ローハイド』(59〜65年日本放映)が、この「赤い河」の物語をベースにしていると聞いたことがあり、その興味から映画を観に行ったのだが、ジョン・ウェイン主演作でもいちばん好きかも知れない。同じくホークス監督の「リオ・ブラボー」(59年)も楽しい映画で、これは封切りのときに姉と映画館に観に行った。

「リオ・ブラボー」にはジョン・ウェインの仲間でウォルター・ブレナン、ディーン・マーティン、リッキー・ネルソンといった面々が出演している。ブレナンは当時もうおじいさん俳優だが、アカデミー賞助演男優賞を3度も受賞しており、人気スターであった。リッキー・ネルソンはアイドル歌手、ディーン・マーティンももともと歌手として有名で、2人で《ライフルと愛馬（My Rifle, My Pony And Me）》という歌を歌うシーンがあるが、ここにブレナンもハーモニカを吹いてからんでくるのだから楽しい（この歌は「赤い河」でも歌われていた）。またラストの決闘のシーンにかかる《皆殺しの歌（Deguello）》という曲もすごくいい。いつかライブでやってみたい音楽の一つである。音楽はこれもティオムキンであった。

映画音楽の作曲家の名前としていちばん初めに覚えたのが、ディミトリ・ティオムキンという舌を噛むような名前の人だったということは、この連載でも触れたかと思う。「ＯＫ牧場の決斗」（57年、ジョン・スタージェス監督）も音楽はティオムキンで、やはり内容、音楽ともに好きな映画である。同じ〝ＯＫ牧場の決闘〟（１８８１年にアリゾナ州のＯＫコラルで起こった銃撃戦）を題材にした映画はほかにもいくつかあり、ジョン・フォード監督の名作「荒野の決闘」（46年、音楽はシリル・J・モックリッジとアルフレッド・ニューマン）は、原題（My Darling Clementine）であり、リバイバル公開時のサブタイトルにもなった《いとしのクレメンタイン（Oh My Darling Clementine）》という歌が有名である。

ＯＫ牧場と関係ない〝決闘もの〟の映画も当然ながらたくさんあり、「〜の決闘」とタイトルがつく映画は好きでよく観ていた。「真昼の決闘」（52年、フレッド・ジンネマン監督）、「ガンヒルの決斗」（59年、ジョン・スタージェス監督）……挙げていくととりとめがない。結局、子ども心にはかっこいい撃ち合いシーンを観たいのである。小学校5、6年生くらいのとき、マーロン・ブランドが西部劇を監督し、主演するというので友だちと日比谷の映画館に観に行った映画がある。「片目のジャック」（61年）という映画なのだが、これにはがっかりした。というのも撃ち合いシーンがほとんどなかったからだ。そもそもマーロン・ブランドが西部劇に似合わないというところもあったかも知れない。

似合わないと言えば、確かイーストウッドの映画にもあったが、海辺が出てくる西部劇というのがときどきある。同じ風景でばかり撮影するので、たまには視点を変えてみたいと思うからなのだろうが、海と西部劇はどうもしっくりこない。西部劇は出演するスターはもちろん、景色も重要な主役だからである。

その最大の成功作はやはり「シェーン」（53年、ジョージ・スティーヴンス監督）だろう。「シェーン」については、これもこの連載でまるまる1回を割いてその音楽について紹介したことがあるので改めて触れないでおくが、ヴィクター・ヤングのテーマ曲《はるかなる山の呼び聲（The Call of the Faraway Hills）》の魅力にとりつかれていることだけ、もう一度強調しておきたい。

（15年1月下旬号）

㉙西部劇体験の続きを

２０１４年、この連載で「キネマ旬報読者賞」を受賞し、先日行われた表彰式にも参加させていただいた。ありがとうございます。振り返れば09年、『キネマ旬報』90周年記念ライブを行ったのがきっかけで12年8月から始まった連載であるが、幸い読者の方から支持をいただき、大いに感謝しています。と同時にコアな映画好きである読者の期待にこれからも応えられるかどうか、緊張もしつつ続けていきます。

というわけでちょっと忘れるくらい空いてしまったが、西部劇の続きを。

映画館で観た西部劇で、「シェーン」のほかに印象に残っているのは「リバティ・バランスを射った男」(62年、ジョン・フォード監督、音楽はシリル・J・モックリッジ)である。バート・バカラックが作曲し、ジーン・ピットニーが歌う同名曲が当時ヒットしており、その興味で観に行った。ジョン・ウェインとジョン・フォード監督がコンビで製作した最後の西部劇であるが、ウェインと並ぶ主人公ランスを演じたジェームズ・スチュアートと、悪役リバティ・ヴァランスを演じたリー・マーヴィンが印象に残った。マーヴィンは僕の好きな俳優である。

ジーン・ピットニーが歌う同名曲、といったが、実は劇中にこの曲が流れることはなく、主題歌といっては正確ではないだろう。何かいきさつがあって使えなかったようだが、いずれにしろまず歌がヒットして、その興味で観に行く西部劇を選ぶことも多かった。当時、僕が小学生から中学生の時代、ラジオから映画音楽はさかんに流れていて、とりわけ西部劇の映画音楽が多かった。西部劇音楽特集といったアンソロジーのＬＰレコードもあってよく買った。オリジナルのサントラではなく、カバーだったり楽団が演奏したものだったりしたのであるが、それでも擦り切れるくらい聴き続けた。いまの時代、もうこんなふうにいくつかの映画の音楽を一つにまとめてＣＤとして出すことはほとんどないだろう。

そんな音楽からの興味で観に行った映画に、マーティ・ロビンスの歌がヒットした「縛り首の木」(59年、デルマー・デイヴィス監督、音楽はマックス・スタイナー)がある。逆にキングストン・トリオが歌う《トム・ドゥーリー(Tom Dooley)》も当時大ヒットしたが、この歌が使われた「拳銃に泣くトム・ドーリイ」(59年、テッド・ポスト監督)はなぜか観ていない。

もう少しだけ時代は遡って、僕が小学校低学年の頃であるが、《デビー・クロッケットの唄(Ballad of Davy Crockett)》もヒットした。１９５５年のディズニー映画「デイビー・クロケット／鹿皮服の男」(ノーマン・フォスター監督、音楽はジョージ・ブランス)に使われた曲で、いまでもディズニーランドなどで流れているらしいから知っている人も多いだろう。映画はアメリカの実在した国民的英雄クロケットの半生を描いたもので、主題歌はアメリカでも多くの歌手が競作したし、日本でも小坂一也や弘田三枝子などが日本語訳詞でカバーしている。もっとも僕はこの曲全体についてはうろ覚えで、サビの部分しかよく知らないし、そもそもこの映画も観た記憶がない。観ていないはずなのに、フェス・パーカーという俳優がデイヴィー・クロケットを演じたこととか、そのイメージとかを何となく覚えている。不思議な話である。

映画は観ていないが、音楽だけは覚えているものも多いのである。

それで思い出したのが、クリント・イーストウッドが監督・主演した西部劇「許されざる者」(92年、音楽はレニー・ニーハウス)と、原題も邦題も同じジョン・ヒューストン監督による60年製作の西部劇(厳密にはヒューストン作品の原題は“The Unforgiven”、イーストウッド作品は“Unforgiven”らしい)。ヒューストン作品のほうはバート・ランカスター主演で、ランカスターはあまり西部劇には似合わない印象もあって、実はこの映画もきちんとは観ていないのであるが、テーマ・ミュージックがすごくきれいな曲だったのを覚えている。音楽はディミトリ・ティオムキン。西部劇の映画音楽家は誰かと聞かれるとやはりパッと出るのはティオムキンの名前と、エルマー・バーンスタインである。

そういえばYMOの時代に、スネークマンショーのコラボレーションで、バーンスタインがテーマ曲を手がけた「荒野の七人」(60年、ジョン・スタージェス監督)のフレーズを使ってスカを作ったことがある。イントロに使っただけなのだが、それをどこから聞きつけたのか、バーンスタインのエージェントからクレームが来て、使用料としてものすごく高い金額を請求されたことがある。ほんの短いイントロであったのに、恐ろしいと思った（笑）。それ以来、うかつに手を出さないようにしている。

逆のケースもあって、ＹＭＯの《ファイアークラッカー》（『イエロー・マジック・オーケストラ』に収録）をそっくりそのまま使っているものが、ジェニファー・ロペスの歌にある。それには誰もクレームをつけていない。

60年代半ば以降、西部劇はどんどん陰りを見せていく。西部劇スター、ジョン・ウェインが亡くなり（79年）、スティーヴ・マックイーンが亡くなり（80年）、西部劇の役者がいなくなってしまったことも大きいだろう。そういえばマックイーンは、ロケ地のネバダ州に放射能廃棄物がいっぱいあるので、それに汚染されたという噂も真《まこと》しやかに流れていた。

ジャンルとしての西部劇は陰りを見せたが、アメリカン・ニューシネマ時代には「真夜中のカーボーイ」（69年、ジョン・シュレシンジャー監督）や「明日に向って撃て！」（69年、ジョージ・ロイ・ヒル監督）といった時代に即した西部劇も楽しんだし、86年「サボテン・ブラザース」（ジョン・ランディス監督）といった西部劇コメディも面白かった。シリアスなドラマであるが「ノーカントリー」（07年、ジョエル＆イーサン・コーエン監督）にも乾いた空気とか西部劇の匂いがあった。数は少なくなったが、西部劇というと気になるのはいまも変わらないのである。

（15年3月下旬号）

「許されざる者」

㉚ＳＦ映画好きなもので

西部劇と並んで、僕が小さい頃からよく観ていた映画のジャンルにＳＦ映画がある。ＳＦ映画好きはいまでも変わらず、ＳＦと聞けば新作が公開されるたびに劇場に観に行きたくなってしまう。

初めて映画館で観たＳＦ映画といえば、小学生のとき、親に連れられて行った「悪魔の発明」（57年）である。カレル・ゼマン監督による、アニメーションと実写が合わさったチェコ映画。日本公開が１９５９年なので、観たのは初公開のときであろう。もっとも当時は、ＳＦ映画とは思って観ていなかった。チェコ映画についてもチェコのアニメーションについても何の知識もなかったが、日本やアメリカとは全く違うタイプのアニメーションで、その独特のすごさというのをそのとき初めて感じたように思う。ただただ映画としてそのときの強烈な印象が忘れられず、後年、ビデオが発売されたときにもすぐに買って再見している。

「悪魔の発明」の音楽そのものは細かくは覚えていない。ただ、画面とすごくマッチした音楽だったことは印象に残っている。あとで調べたところ、作曲はズデニェク・リシュカ（Zdeněk Liška、１９２２年〜１９８３年）という人で、アニメーションやドキュメンタリーをはじめ、数多くのチェコ映画の音楽を手がけた大家らしい。ゼマンの次の世代にあたる、チェコの人形アニメーション出身のヤン・シュヴァンクマイエル監督も、自作の音楽を多く彼に依頼しているようだし、そのシュヴァンクマイエルにオマージュを捧げたブラザーズ・クエイの「ヤン・シュヴァンクマイエルの部屋」(84年)という作品にも、リシュカの音楽が使われていた。そんなふうにつながっているのが興味深い。

「悪魔の発明」に続いて、決定的なSF映画体験となったのが、この連載の第1回にタイトルだけ紹介した「地底探険」(59年、ヘンリー・レヴィン監督)という映画である。これも観たのは小学校高学年の頃で、とても興奮したのを覚えている。原作はジュール・ヴェルヌのSF小説『地底旅行』(映画タイトルに倣って『地底探険』とも)。20世紀フォックス提供のアメリカ映画で、オープニングにアルフレッド・ニューマンによる(というのはあとで知ったことだが)あの有名なファンファーレが流れるところから強烈な印象を残した。この映画以来、僕は20世紀フォックスの大ファンにもなっている。

この映画で主人公の学生アレックを演じているのが、パット・ブーンというポップシンガーで、お坊ちゃん系のロカビリー歌手といおうか、《砂に書いたラブレター (Love Letter in the Sand)》や《四月の恋 (April Love)》といったヒット曲が日本でもラジオでよく流れている人気歌手であった。その人気から、俳優としても何本か出演作があり、彼の出演作ということで話題にもなったようであるが、子ども心にも、パット・ブーンより、むしろその先生役を演じたジェームズ・メイソンのほうに魅かれた。ジェームズ・メイソンは「地底探険」とちょうど同じ頃に作られたアルフレッド・ヒッチコック監督の「北北西に進路を取れ」(59年)にも出ていたが、主役にせよ悪役にせよ、渋い演技が印象に残る俳優であった。手塚治虫さんの漫画にもメイソンというキャラクターが出ていたのでファンだったのであろう。「地底探険」は、そのメイソン演じる博士たちがアイスランドの休火山の噴火口から地球の中心を目指して地底に向かい、そこで恐竜と出会うのだが、これは実際のトカゲにトゲなどをつけて恐竜に似せ、拡大して人間と合成する特撮によるものである。トカゲとはいえ、恐竜の末裔を拡大するアイデアは、それまでのコマ撮り特撮から飛躍し、すごくリアルで衝撃的な映像であったし、いま観てもその魅力は失われていないと思う。

パット・ブーンが劇中でも歌を披露しているのであるが、音楽に関して印象に残っているのは全く別のシーンである。それは映画の冒頭、博士がロンドンの街を歩いているとき、スコットランドの民族衣裳であるキルトを着て、バグパイプを吹く集団とすれ違うシーンで、そこで生まれて初めてバグパイプの音をきちんと聴き、びっくりしたのを覚えている。「地底探険」の映画音楽自体は、ヒッチコック作品で有名なバーナード・ハーマンが作曲しているようだが、あまり印象がない。ところでSF映画と音楽との関係が濃密になったのは「スター・ウォーズ」(77年)や「未知との遭遇」(77年)からで、それ以外はだいたいが記憶に残らないものだ。個人的な感想だが、面白い映画ほど音楽の印象は薄いように思う。だから全体で音楽がどうであったということはあまりない。最近のSF映画「わたしを離さないで」（10年、マーク・ロマネク監督）のように、あるシーンで印象的な音楽の使い方をしていると、その音楽《Never Let Me Go》をネットで検索したりするということはあるが、それは映画自体の興味とは別のことだ。

そういう中で、音楽が印象に残るSF映画といえば、「禁断の惑星」（56年、フレッド・マクロウド・ウィルコックス監督）が思いつく。この映画は56年の公開当時に映画館で観た記憶はなく、もう少し成長してから、名画座か、リバイバル上映のときに観たのだと思う。いわゆる電子音、電子音楽が使われている映画で、どれも初めて聴くような音であったが、それがいかにもSF映画っぽいなと強く印象を残したものである。ルイス・バロン（Louis Barron、１９２０年〜１９８９年）とベベ・バロン（Bebe Barron、１９２５年〜２００８年）という、電子音楽のパイオニア的存在であったバロン夫妻が作曲を担当している。バロン夫妻の作曲とは別に、デイヴィッド・ローズ（David Rose、１９１０年〜１９９０年）による「禁断の惑星」のテーマ曲が有名になったので、耳にした人が多いはずだ。これはローズ自身の楽団によるオーケストラ演奏である。デイヴィッド・ローズ・オーケストラには《ホリデイ・フォー・ストリングス（Holiday For Strings）》という秀逸な作品があり、この一作だけでも尊敬に値する作曲家だと思っている。

（15年4月下旬号）

㉛忘れがたいSF音楽

電子音(楽)が使われたSF映画の中で、「禁断の惑星」(56年)に次いで印象に残ったのが、アンドレイ・タルコフスキー監督の「惑星ソラリス」(72年)である。スタニスワフ・レムのSF小説を原作にしているが、内容はずいぶん変わっているようだ。作曲はエドゥアルド・アルテミエフ(Eduard Artemyev、1937年〜)。シンセサイザーを用いた電子音楽で、近未来の時代背景に非常に似合う現代音楽であった。この映画がきっかけで、僕はタルコフスキーのファンにもなった。

ところでタルコフスキーが書いた日記や文章、インタビューなどを読んでいたら、確かスタンリー・キューブリック監督の「2001年宇宙の旅」(68年)は大した意味がないとか、批判的なことを言っていたように思う。

もちろん僕にとっては、「2001年宇宙の旅」は好きな映画である。とりわけ音楽の使い方は忘れがたい。キューブリック自身が選曲したようであるが、メインタイトルで使われたリヒャルト・シュトラウスの《ツァラトゥストラはかく語りき》や、ヨハン・シュトラウス2世のワルツ《美しき青きドナウ》と宇宙のシーンとの対比。モノリスに遭遇する場面でのジェルジ・リゲティのコーラス曲《ソプラノ、メゾ・ソプラノ、2つの混声合唱と管弦楽のためのレクイエム》には、ホラー映画のような怖さも感じられた。クラシック音楽や現代音楽のオーケストラ曲が、このようなかたちで宇宙のシーンで使われるのが当時は新鮮で、面白かった。

また、コンピューターのＨＡＬ９０００が分解され機能を失い、まるで意識が薄れゆくような中で《デイジー・ベル（Daisy Bell）》という歌を歌うシーンも印象に残る。この曲はもともと《Bicycle Built for Two（2人乗りの自転車）》といって、19世紀のイギリスでハリー・デイカー（Harry Dacre）というソングライターが作ったと言われる。いつの間にかタイトルが《デイジー・ベル》という女性の名前に変わったのであるが、いろんな人がカバーしていて、欧米ではポピュラーな曲となっている。１９６０年代初頭に世界で初めてコンピューターによる合成歌唱が実演されたときの曲がこの《デイジー・ベル》と言われており、キューブリックはそれにちなんでＨＡＬに歌わせたらしい。僕もコンサートでときどきこの曲をカバーして歌っている。

カバーといえば、スティーヴン・スピルバーグ監督の「未知との遭遇」（77年）で使われた、あの5音音階のメインタイトルも大好きな曲で、『ＦＬＹＩＮＧ ＳＡＵＣＥＲ １９４７』（07年、ハリー細野＆ワールド・シャイネス）など自分のアルバムでも演奏している。「未知との遭遇」は映画館で5回、6回と観て、あまりにも観すぎたのでいまはしばらく観なくていいと思うくらいになっているが。

70年代後半から80年代前半にかけては、SFにも名作というのがあるんだなと思わせてくれた、僕が好きなSF映画が多く製作されている。その中でも「エイリアン」(79年、リドリー・スコット監督)がいちばん驚いた映画で、映画館を出たときに、なんて面白い映画なんだろうとびっくりしたものだが、音楽の印象は特に残っていない。

一方、「SF/ボディ・スナッチャー」(78年)は音楽も素晴らしかった。ジャック・フィニイの小説『盗まれた街』を原作に、ドン・シーゲルが監督した「ボディ・スナッチャー/恐怖の街」(56年)の最初のリメイクで、監督はフィリップ・カウフマン。音楽はジャズ・ピアニストで精神科医でもあるというデニー・ザイトリン(Denny Zeitlin、1938年〜)が担当しているが、僕が音楽的にいちばん印象に残ったのは、既存曲を使ったラストシーンである。

主演のドナルド・サザーランドが、宇宙からの生命体の襲撃から逃れて波止場にたどりつく。港に貨物船が停泊していて、何とかその船に乗って逃げられるかと思うシーン。その船から流れてくるラジオ放送の音楽が、バグパイプによる《アメイジング・グレイス(Amazing Grace)》であった。「地底探険」に続く、僕にとって2度目の衝撃的なバグパイプ体験である。

このシーンだけでも、「SF/ボディ・スナッチャー」は僕の大好きな映画になり、「ボディ・スナッチャー」シリーズ、と言うのは正確ではないかも知れないが、リメイクされるたびに観ている(ちなみに「エイリアン」シリーズも欠かさず観ている)。ドン・シーゲル版はさすがの出来で、アベル・フェラーラ監督による3度目の映画化「ボディ・スナッチャーズ」(93年)はちょっとピンとこなかったが、ニコール・キッドマンが主演した4度目の映画化「インベージョン」(07年、オリヴァー・ヒルシュビーゲル監督)はわりと好きなほうである。「SF/ボディ・スナッチャー」の次に音楽が印象に残ったのがジョン・カーペンター監督の「遊星からの物体X」(82年)である。これも51年の映画「遊星よりの物体X」(クリスティアン・ナイビー監督。製作のハワード・ホークスが演出の大半を手がけたという説もあるらしい)のリメイク。音楽はエンニオ・モリコーネなのだが、冒頭、南極大陸で、逃げている犬をヘリコプターから銃を持った狙撃手が狙い撃ちにするというタイトルシーンで流れる音楽が、とてもSFっぽい感じがして良かった。

オーケストレーションではなく、シンセサイザーによるミニマルなテクノ系の音楽で、おそらくジョン・カーペンター自身が音楽をやる人(自作の音楽の作曲や、自身で演奏し、歌も歌っている)なので、そういう細かい注文をしたのか、あるいは一緒に作ったのであろうか。当時、映画音楽としてはそれほど流行ってはいなかったと思うが、音楽の世界ではドイツ系のシンセの音楽とか、当時ああいう音楽が多く、これもカバーしたいと思った曲である。

(15年5月下旬号)

㉜SF×TVドラマ黄金時代

「エイリアン」(79年)や「遊星からの物体X」(82年)といったSF映画のいわゆる名作や大作も好きだが、そうではない小品というか、B級作品にも好きな作品が多い。少しでも見るべきところがあれば、SFということで許してしまう。それは子どもの頃にテレビでSFドラマをたくさん観てきたということも大きい。西部劇ドラマと同様、1950年代後半〜60年代のテレビでは、海外のSFドラマが多く放映されていたのである。

いちばん印象に残っているのは『ミステリー・ゾーン』(原題は"The Twilight Zone"、59〜64年全米放映)である。1話完結、30分が基本のSFドラマ・シリーズで、最初、『未知の世界』という邦題でも放送されていたようだが、『ミステリー・ゾーン』というタイトルがなじみ深い。日本では61〜67年にTBSで放映された。毎回、脚本家のロッド・サーリングが冒頭に登場し、「これは別世界への旅です。目や耳や心だけではなく、想像を絶した素晴らしい世界への旅……あなたはいまミステリー・ゾーンに入ろうとしているのです」といったナレーションとともに、そのテーマ音楽(レナード・ローゼンマンによる)が印象的だった。このドラマ・シリーズに僕は大きな影響を受けた。スティーヴン・スピルバーグも影響を受けたことを公言している。彼も僕と同世代なのである。『ミステリー・ゾーン』のいくつかのエピソードはいまでもありありと記憶に残っている。後年、スピルバーグも参加してその映画化も作られた（「トワイライトゾーン／超次元の体験」83年、ジョン・ランディス、スティーヴン・スピルバーグ、ジョー・ダンテ、ジョージ・ミラー監督によるオムニバス）。

SFドラマとはいえないが、『ディズニーランド』という1時間番組（54〜58年全米放映。日本では58年から日本テレビで放映）もあった。ウォルト・ディズニー自身が、「未来の国」「おとぎの国」「冒険の国」「開拓の国」といったディズニーランド内のそれぞれの世界を紹介していく番組なのだが、いちばんドキドキして観ていたのが「未来の国」のときであった。ディズニーランドの施設などを紹介する一方で、実写やアニメーションで作られた天体の画像や映像が出てきたり、本物のロケットが出てきたりと、半分ドキュメンタリーのような構成になっており、その映像がどれも美しい。SF好きになるきっかけを作ってくれた番組とも言える。

それ以前に『空想科学劇場』（55〜57年全米放映）というタイトルの30分ものの番組もあった。こちらも内容はほとんど覚えていないし、『ミステリー・ゾーン』ほどインパクトもなかったが、「空想科学」というタイトルが好きであった。

SFヒーローものとして、当時ワクワクして観ていたものに『スーパーマン』がある。実写ではなく、アニメーションによるシリーズ。調べたところフライシャー兄弟のフライシャー・スタジオなどによる製作で、41〜43年に製作された全17話のアニメーション映画。日本では

63年に『まんがスーパーマン』というタイトルでフジテレビにて放映されたようだが、最初は55年に放映されていたと思う。これがそのあと観たどの実写版よりも良かった。放映時はテレビがモノクロだったせいか、いま思えば表現主義的といおうか、影の使い方が素晴らしかった。ロボットの大群が襲撃してくるシーンや、クラーク・ケントがスーパーマンの服に着替えるシーンなども、影の映像だけで処理していたように思う。

それに前後して実写によるスーパーマンのドラマ・シリーズも放映されていた。ジョージ・リーヴスという俳優が主演した『スーパーマンの冒険』(52〜58年全米放映)がそれである。大平透さんがスーパーマンの吹き替えをしている。リーヴスはこのドラマのスーパーマン役で人気を得たので、かえってほかの役に恵まれず、59年、3日後に結婚式を控えた日、自宅で射殺死体となって発見されたという。そのニュースを聞いた当時、びっくりしたのを覚えている。自殺とも、陰謀がらみの他殺とも言われているが、このあたりの真相を追ったのが後の映画「ハリウッドランド」(06年、アレン・コールター監督)である。リーヴス役をベン・アフレックが演じている。

スーパーマン役の俳優といえば、78年のリチャード・ドナー監督作品「スーパーマン」に始まる3部作のシリーズで主演したクリストファー・リーヴが有名だが、彼もまた落馬事故による下半身不随から奇跡の復活を遂げるも52歳で亡くなっている。スーパーマン役の俳優の不幸が重なったことで、〝スーパーマンの呪い〟などとも言われているという。

『スーパーマン』の影響を受けて、日本でもヒーローもののオリジナルＳＦ映画やドラマが流行った。「スーパージャイアンツ」シリーズ（57〜59年）は宇津井健さんが全身白タイツ姿で主人公のスーパージャイアンツを演じるのであるが、子ども心にもそのタイツ姿ばかりが気になってしまい、内容はほとんど覚えていない。『遊星王子』（58〜59年、日本テレビ）というテレビドラマもあり、これは後に映画版も作られたようだ。とにかく宇宙をテーマにしたものなら、どんなものであろうとドキドキして観ていた。そんなテレビドラマでのＳＦ体験時代があり、その流れで映画を観るようになり、「悪魔の発明」（57年）や「地底探険」（59年）に出合ったのである。

その少し前の公開になるが、もう一本、当時公開されたディズニー映画「海底二万哩」（54年、リチャード・フライシャー監督）も印象に残っている。「地底探険」と同じくジュール・ヴェルヌ原作のＳＦ小説の映画化で、さらに「地底探険」と同じくジェームズ・メイソンが出演し、ネモ艦長の役を演じていた。水中の大タコがいま思い出しても本物のように見える特撮シーンに圧倒された。潜水艦ノーチラス号の独特のフォルムが素晴らしく、当時ノーチラス号の絵ばかり描いていたようなことも記憶している。以前、再びディズニーがリメイク映画を作ろうとしていると聞いたのだが、その後どうなったのだろうか。

（15年6月下旬号）

㉝音楽が鍵となるＳＦ映画

忘れてはいけないＳＦ映画の傑作がもう一本あった。ティム・バートン監督の「マーズ・アタック！」（96年、音楽はダニー・エルフマン）である。大好きな映画であり、音楽の使い方も素晴らしい。これもすぐサントラを買った映画である。

この映画は僕にとって2つポイントがあって、一つは歌手のトム・ジョーンズ（Tom Jones、１９４０年〜）が本人役で出演し、自分のヒット曲《よくあることサ（It's Not Unusual）》（65年）を歌う点。トム・ジョーンズは《何かいいことないか子猫チャン（What's New, Pussycat?）》《恋はメキ・メキ（If I Only Knew）》などのヒット曲で、１９６０年代後半から70年代にかけて世界中で人気を博した歌手であり、日本でもよく知られていたが、「マーズ・アタック！」の頃にはもう半ば忘れられた存在だった。その彼をティム・バートンが引っぱり出して、ラスベガスのステージでショーを行っている歌手本人として登場させ、しかも特別出演というレベルではなく、主要人物の一人として活躍させたことにびっくりしながらも喜んだということ。

もう一つは、ラスト近く、火星人の侵略により地球人がなす術なく襲われていくなか、主人公の一人である少年のお祖母さんが家でレコードを聴いていて、それがスリム・ホイットマン（Slim Whitman、1923年〜2013年）というカントリー歌手の50年代の素晴らしいヒット曲《インディアン・ラブコール（Indian Love Call）》（52年）であったこと。しかもこのメロウな曲を火星人たちが聴くと、なぜか脳が破裂して死んでしまうことがわかり、レコードを大音量で聴かせることで火星人たちを倒し、地球の危機が救われる。なぜそうなるかは一切の説明がないのがかえって良く、理屈抜きに面白かった。

最近のSF映画も相変わらず観ている。2014年に劇場公開された「ラスト・デイズ・オン・マーズ」（13年、ルアリー・ロビンソン監督、音楽はマックス・リヒター）という、イギリスとアイルランドの合作映画はDVDで観た。ラスト・デイズ・オン・マーズ、直訳すると「火星最後の日々」だが、SF映画というより結局ゾンビものであった。2030年代の時代設定で、有人調査飛行によって火星に到着した乗組員たちが暮らすコロニーで微生物が発見される。それが人間に感染してゾンビ化していく話なのであるが、面白かったのは冒頭のシーン。火星の地表を走る探査車の中で音楽が流れていて、それが《ブルースカイズ・アー・ラウンド・ザ・コーナー（Blue Skies Are 'Round the Corner）》という、1930年代の音楽なのである。真っ黒な空の火星で、青空が見えるよ、一緒に行こう、と歌う曲が流れるセンスがとてもいい。SFのこういうところが好きである（そこだけが取り柄の映画でもあったが）。

「ブラインドネス」（08年、フェルナンド・メイレレス監督）という映画もSFと言っていいのか、感染パニックものであった。全世界で人々の目が見えなくなる感染症が流行る中、主演で眼科医のジュリアン・ムーアだけ感染せずに目が見えている設定。詳細は忘れたけれど、失明した人たちが収容所に隔離されていて、唯一の救いはラジカセでラジオを聴くことだけになっている。そのラジオから流れてきた音楽を聴いた途端、僕はあまりの素晴らしさにショックを受けたのである。いままで聴いた中でいちばん感動したかも知れない。ギターとハミングだけの音楽で、これは何だろうと、例によってあれこれ調べると、ブラジルのボサ・ノヴァの創始者の一人、「黒いオルフェ」(59年、マルセル・カミュ監督)の主題歌などでも知られるルイス・ボンファ(Luiz Bonfá　1922年~2001年)が50年代に作っていた音楽であることがわかった。そういう音楽を使うセンスがすごいと思ったが、映画はこのシーンだけが特別であった。とにかく、この映画がきっかけでルイス・ボンファをくまなく聴くようになり、ボサ・ノヴァもいいなと改めて思ったのである。

ほかにも、ここ数年面白いと思ったSF映画をいくつか。

「アポロ18」(11年、ゴンサーロ・ロペス=ガイェゴ監督)はモキュメンタリーというのか、最後のアポロ計画のあとにさらに次の計画があったという話。「エウロパ」(13年、セバスチャン・コルデロ監督)は生命体探索のため木星の衛星に向かう宇宙飛行士たちを描いたスリラー。意外に面白かったのが少し前の映画であるが、「ピッチブラック」(00年、デイヴィッド・トゥーイー監督)で、後にアクションスターとして人気となったヴィン・ディーゼルが主演の一人。未知の惑星を舞台に、闇の恐怖を克明に描く映画で、要するに〝ピッチブラック〟とは真っ暗闇という意味。闇ばかりの映画なのであるが、作り方がうまくできていた。

劇場未公開で、ＤＶＤになったのを観たのが「デッド・カーム　戦慄の航海」（フィリップ・ノイス監督）という89年のオーストラリア映画である。ニコール・キッドマンの出世作となった映画で、それでＤＶＤになったのだと思うが、クルージングに出た夫婦（妻をキッドマンが演じている）のヨットに、漂流していたボートが近づき、そこに乗っていた男を２人が助ける。主要な登場人物はその３人で、洋上で起こるサスペンスを描いた、ちょっと変わった映画なのであるが、音楽がほとんどないのが良かった。本当に静かな映画で、音楽を使わないというのも一つの音楽的な表現であることを再認識させてくれた映画である。

もっともそれ以来、映画音楽を頼まれると、ここは音楽はないほうがいいんじゃないですか？　と言ったりするから駄目である。

最近の監督の名前は覚えてもすぐ忘れてしまうのだが、「デッド・カーム」のフィリップ・ノイスという名前はしっかり覚えた。その後アメリカへ渡って「ブラインド・フューリー」（89年）、「パトリオット・ゲーム」（92年）など、大作を次々と手がけていったが、小品、佳作のほうに、より手腕を発揮したように思う。


（15年7月下旬号）

「ブラインドネス」

音楽ってええな

㉞ミュージシャン映画ブーム？

最近、ミュージシャンを描いた映画が多い。ちょっとしたブームになっているのだろうか。第87回アカデミー賞でＪ・Ｋ・シモンズが助演男優賞を受賞した「セッション」（14年、デイミアン・チャゼル監督）や、キーラ・ナイトレイがシンガー・ソングライターを演じた「はじまりのうた」（13年、ジョン・カーニー監督）のようなフィクションもあれば（両方ともまだ観ていないのだけれど）、ジミ・ヘンドリックスの初期を描いた「ＪＩＭＩ：栄光への軌跡」（13年、ジョン・リドリー監督）のように、実在したミュージシャンの半生を描いた映画も多い。そんな中、先日、映画館に「ジェームス・ブラウン～最高の魂を持つ男～」（14年、テイト・テイラー監督）を観に行ったのであるが、これが良かった。ジェームス・ブラウン（ＪＢ）を演じたチャドウィック・ボーズマンという役者もすごく頑張ってＪＢに似せてくれていたし、非常に勉強になった映画であった。というと変に聞こえるかも知れないが、なるほどと思うエピソードを多く見せてくれたのである。

実は全くの偶然なのであるが、２０１５年６月に全国のライブハウスを中心に行ったコンサートツアーのテーマがブギウギであった。ブギウギはファンクにつながっていくプロセスもあるので、ＪＢの《セックスマシーン（Get Up (I Feel Like Being Like a) Sex Machine

〈Part 1〉》を演奏し、歌ったのである。アルバムに収録されている、JBが歌う前にメンバーと掛け合うやりとりがとても面白く、それも日本語にして忠実に再現した。「俺にできるかな」「イェー！」「本当にできそうか？」「イェー！」「セックスマシーンみたいにさ」「イェー！」「準備はいいか。カウントとるぞ！　ワン、ツー、スリー、フォー！」といった具合である。冗談というか、余興でやったのであるが、ツアー初日に演奏してみると意外にみんな真面目に感心してくれたので、その後もツアーの一曲として、けっこう真剣になって演奏した。

そもそもいまなぜ《セックスマシーン》をやりだしたのか、自分でもよくわからないのであるが、ああいうファンクなスタイルを始めたのがJBであって、本当にすごい人だと思っている。そしてツアー直後に彼の映画を観て、ますます本気になっているところである。

僕は実際のJBに2度ほど会ったことがある。1度目は、映画の中でも最後のほうに1985年のアトランタでのライブのシーンがあるのだが、そこにラジオ番組の取材ということで日本から派遣されて行ったのである。ところがライブ終わりで取材のために会った彼は興奮状態になっており、「セックスマシーン！」と叫ぶばかりで（笑）、とても話にはならなかった。2度目はもっと時間が経ち、JBが日本に何度目かの来日をしたとき。このときの彼はもう年老いていたけれど、目の前で《セックスマシーン》を歌ってくれた。

という具合にジェームス・ブラウンとは少なからず縁があるのであるが、今回、映画のパンフレットを買って読んでいたら、ジェームス・ブラウンに影響されたミュージシャンたちの関連をツリーでまとめた図があった。その下のほうに大瀧詠一、久保田利伸、山下達郎に並んで僕の名前が入っていたので、これはとてもうれしかった。

実在のミュージシャンを描いた最近の映画でもう一本楽しみにしているのが、ザ・ビーチ・ボーイズのブライアン・ウィルソンを描いた「ラブ＆マーシー　終わらないメロディー」(15年、ビル・ポーラッド監督)。これは未見だが、映画館で観るのを楽しみにしている。もちろんビーチ・ボーイズに関心があるからであるが、映画の共同脚本に名を連ねているマイケル・アラン・ラーナー（Michael Alan Lerner、１９５８年〜）という人も気になっている。「オーガストウォーズ」(12年、ジャニック・フェイジエフ監督）というヘンテコなロシアの戦争映画があって、その原案と共同脚本を担当しているのであるが、これがとても面白い映画であった。彼のお父さんがまたすごい人で、ジョージ・キューカー監督で映画化もされた「マイ・フェア・レディ」(64年)を、もとの舞台版から脚本・作詞を担当しているアラン・ジェイ・ラーナー（Alan Jay Lerner、１９１８年〜１９８６年)。ブロードウェイのミュージカル作家であり、ハリウッドの職人である。そういう職人の系譜につながるスタッフが作った映画という意味でも、興味深いのである。

そのビーチ・ボーイズが結成された１９６１年にヒット曲《スタンド・バイ・ミー（Stand by Me)》を発表したベン・E・キング（Benjamin Earl King、１９３８年〜２０１５年）が、4月に亡くなり、ラジオでも特集されたりしていた。

《スタンド・バイ・ミー》は発表当時も大ヒットしたが、ロブ・ライナー監督の86年の映画「スタンド・バイ・ミー」で主題歌に使われて、再び脚光を浴びた。名作としてたいへん話題となったのだが、実はこれまで僕はこの映画を観ていなかった。ひねくれているというか、あまりにみんなが面白い、面白いというから、かえって観ようとしなかったのである（だから僕は本当に有名な作品をけっこう観ていない）。

ベン・E・キングが亡くなったということもあってか、「スタンド・バイ・ミー」のDVD発売キャンペーンに際して、何か映画についてのコメントがほしいという依頼を先日受けて、今回、製作からほぼ30年近くたって初めて観ることにした。

いまさら言うまでもないが、50年代末の少年たちの物語である。つまり僕にとっては同世代で、《スタンド・バイ・ミー》の曲はもちろん、そこに流れる音楽は全部僕が当時聴いていたものであった。なぜこんなにも同じなんだろうと、かえって驚いたぐらいである。音楽と物語の内容があまりにもマッチした映画であった。

（15年8月下旬号）

㉟年季の入ったブギウギ熱

前回に続き、映画「スタンド・バイ・ミー」(86年、ロブ・ライナー監督) についてもう少し。

この映画は、ベン・E・キングの同名の大ヒット曲《スタンド・バイ・ミー》があってこその名作になっていると言えるが、この曲のほかにも、たとえばザ・コーデッツ (The Chordettes) の《ロリポップ (Lollipop)》(58年) や、バディ・ホリー (Buddy Holly、1936年~1959年) の《エブリデイ (Everyday)》(57年) といった、舞台となった1950年代末から60年代にかけてのヒット曲が随所に使われている。それが、日本の小学生であった僕が当時聴いていた曲と全く同じなので驚いたという話は前回も書いた通りである。

そもそも、映画の冒頭、リヴァー・フェニックスをはじめとする4人の少年たちが歩きながらみんなでテレビ西部劇『西部の男パラディン』(57~63年全米放映) の主題歌を歌っているシーンがあるのだが、僕もそれを、当時、シングル盤のレコードを買って聴いていた。その最初のシーンから、あっ同じだと思ったのである。

ベン・E・キングはもともと50年代に結成されたザ・ドリフターズ (The Drifters) というコーラス・グループのリード・シンガーをしていて、グループの大ヒット曲に《ラストダンスは私に (Save the Last Dance for Me)》(60年) がある。この曲のリード・ボーカルを務めていたのがキングであり、彼の声は当時から親しみがあった。

《ラストダンスは私に》はその後多くの歌手がカバーしていて日本では越路吹雪さんが有名であるが、ジェリー・リーバー（Jerome "Jerry" Leiber、1933年〜2011年）とマイク・ストーラー（Mike Stoller、1933年〜）のコンビによるプロデュース曲（実際の作詞・作曲は別の名コンビ、ポマス&シューマン）である。このリーバー（作詞）=ストーラー（作曲）は有名なコンビで、その後ほどなくドリフターズを脱退してソロになったキングに《スタンド・バイ・ミー》を提供したのも彼らであるし、ほかにも、エルヴィス・プレスリーの《ハウンド・ドッグ（Hound Dog）》（56年）や《監獄ロック（Jailhouse Rock）》（57年）といった曲を手がけている。

キングは2015年に亡くなる直前まで活動していて、何度も来日していたようだ。11年の東日本大震災のあとも来日し、《スタンド・バイ・ミー》を日本語で録音し直したアルバムをリリースしている。

《スタンド・バイ・ミー》があまりにも有名すぎて、ベン・E・キングと言えばこの一曲ということになる（ソロとしては）。それでも、一曲でも誰もが知っている大ヒット曲があるというのは羨ましい限りである（笑）。

15年6月に行ったコンサートツアーのテーマがブギウギだった、というのも前回の連載で触れた通りである。9月に東京でのみ行うコンサートも、「Boogie Woogie Holiday」とタイトルをつけた。ブギウギがここ最近の僕の大きなテーマになっている。

そもそもブギウギを最初に聴き出したのは、実に4歳の頃である。当時、母方の祖父の家の隣に住んでいたことがきっかけで、その祖父の家にあった蓄音機でいろいろなSP盤のレコードを聴きあさったというのが僕の決定的な音楽体験になっているのであるが、SP盤のうち軍歌が3分の1くらい。あとは浪曲や童謡もあったが、その中にハリウッド映画のサウンドトラックやディズニーの音楽もあり、それからブギウギのレコードもいくつかあったのである。

その後、ビッグバンドのブームに陰りが見え始めた60年代に、レイ・マッキンレー率いるグレン・ミラー・オーケストラの来日公演を聴いた中学生時代を経て、最近改めてブギウギについて、そのルーツや歴史を調べ、自分たちで演奏までしている。ブギウギには年季が入っているというか、戦後のGHQに呪われているといってもいいほどである。

映画の中のブギウギというと、まずは黒澤明監督の「酔いどれ天使」（48年）や「生きる」（52年）を思い浮かべるが、アフリカを舞台に、猛獣の生け捕りをするジョン・ウェイン扮するハンターたちを描いた映画「ハタリ！」（62年、ハワード・ホークス監督）も印象深い。音楽はヘンリー・マンシーニ（Henry Mancini、１９２４年〜１９９４年）である。「ハタリ！」の音楽と言えば、マンシーニが作曲した《子象の行進（Baby Elephant Walk）》が有名だが、特に僕の印象に残っているのは、イタリア出身の女優で、カメラマン役のヒロインとして出演したエルザ・マルティネリがピアノを弾くシーン。彼女がフォスターの《遥かなるスワニー河（Swanee River）》をアルバート・アモンズ（Albert Ammons）のブギウギ風に弾きだし、それにレッド・バトンズがハーモニカで応えてジャムセッションになるのが、短いシーンだが素晴らしい。初めて観たとき、思わずゾクッとしてしまったくらいである。

ハワード・ホークスは音楽の使い方がうまい監督だと思う。「ヒット・パレード」（48年）はまさに音楽をテーマにしたコメディだが、これはホークスが41年に作った「教授と美女（Ball of Fire）」を自ら再映画化した作品。この「教授と美女」の劇中で《ドラム・ブギー（Drum Boogie）》（41年）というブギウギが演奏されているのをレコードで聴いている。DVDも出ているようなので、いずれ観てみたいと思っている。

ほかにも、ジュディ・ガーランドが初めてハリウッド映画でブギを歌ったという有名な曲があって、ミュージカル映画「万雷の歓呼（原題はThousands Cheer）」（43年、ジョージ・シドニー監督）の中で歌われる《The Joint Is Really Jumpin' Down at Carnegie Hall》という曲。彼女が本人役で歌っている。音楽は聴くことができるのだが、こちらも映画自体はまだ観る機会を得ていない。

（15年9月下旬号）

㊱ミュージシャン伝記映画で発見

職業柄とも言えるだろうが、ミュージシャンの伝記映画などを観ていて面白いのは、ミュージシャン本人についてはもちろん、その周辺の人物も含めて細かいエピソードが描かれていて、新しい発見や共感があるということ。最近で言えば、「ジャージー・ボーイズ」（14年、クリント・イーストウッド監督）がそうであった。

リードボーカルを務めたフランキー・ヴァリ（Frankie Valli、１９３４年〜）をはじめ、１９６０年代に一世を風靡したコーラスグループであるザ・フォー・シーズンズの面々や時代背景がよくわかる映画であるが、とりわけフォー・シーズンズをプロデュースし、ヒットに導いたボブ・クリュー（Bob Crewe、１９３０年〜２０１４年）が興味深かった。フォー・シーズンズの大ヒット曲《君の瞳に恋してる（Can't Take My Eyes Off You）》など、メンバーのボブ・ゴーディオ（Bob Gaudio、１９４２年〜）との共作で知られ、プロデュースや編曲もする才能のある人だが、映画の中ではゲイとして描かれている。そのことを今度の映画で初めて知った。もっとも、多少大げさな演技とはいえ、これはいま作られた映画だからこそきちんと描けることであって、フォー・シーズンズが活躍した60年代に彼らの伝記映画が作られていたとしても、クリューがゲイであることは伏せられていたかも知れない。

ちなみに《君の瞳に恋してる》の歌は、この「ジャージー・ボーイズ」の中でも感動的なエピソードとともに披露されているが、「ディア・ハンター」(78年、マイケル・チミノ監督)の冒頭、田舎町でベトナム行きを控えた若者たちがこの歌を合唱するシーンも忘れられない。

「ジャージー・ボーイズ」はもともと2005年に開幕したミュージカルがオリジナルである。この舞台は15年になって来日公演も行われ、見逃してはなるまいと足を運んだのだが、さすが原作だけに、よくできた舞台だった。昔はミュージカルも観ていたほうだが、以前ロサンゼルスで『コーラスライン』のミュージカルを生で観て、それ以来、辟易してミュージカル嫌いになったといういきさつがある。暗いミュージカルというのが、僕にはピンとこない。やはりミュージカルはフレッド・アステアが最高峰なのである。だからいま上演中の「トップ・ハット」(35年、マーク・サンドリッチ監督)の舞台版はちょっと気になっている。

話を映画に戻し、共感するシーンとして紹介したいのは、前々回の連載でも触れた「ジェームス・ブラウン～最高の魂を持つ男～」(14年)の中の一シーンである。

ジェームス・ブラウン(JB)がフェイマス・フレイムスというバンドとスタジオで《コールド・スウェット(Cold Sweat)》という曲をリハーサルしているシーンであるが、なぜかうまく進まない。サックス・プレイヤーが、音が合わないとか文句を言い出すので、JBがメンバーに向かって問いかけをする。そもそもギターは何だ、ピアノは何だ、トランペットやサックスとは何だ、と。全部ドラムなんだ、と言うのである。僕はこのシーンを観て思わずそれだ、と膝を叩いた。要するにリズム楽器なのである。多少音が合わなくてもいいのである。僕もリハーサルを行うときにそういう気持ちがときどきあるので、大いに共感するシーンであった。

小さい頃からブギウギ好きであったが、ディズニーの音楽も好きであった。13年、日本でも公開され大ヒットした「アナと雪の女王」（13年、クリス・バック&ジェニファー・リー監督）は、あまりに大ヒットしたのでかえって観に行く気にならなかったのであるが、映画館での上映も終わり頃になって、同時期に発売されたDVDを買い、こっそり観てしまった。これもあまりにも大ヒットした収録曲《レット・イット・ゴー（Let It Go）》だけでなく、音楽をちゃんと作っているなと感心もした（作詞・作曲はロバート・ロペスとクリスティン・アンダーソン＝ロペスら）。

ただメロディとしては、いまどきすぎて入り込めない。やはり個人的には昔のディズニー映画の音楽が素晴らしい（もっともディズニーだけでなく、昔のアニメーションはみな音楽が良かったような気がするが）。

先日、ディズニー・アニメーション「わんわん物語」（55年、ウィルフレッド・ジャクソンほか監督）のDVDをようやく入手したのであるが、これも音楽がどれも良くて、子どもの頃からずっと聴いていた曲がいくつも挿入されている。ただその頃は、子守唄として有名な

《ラルー（La La Lu）》のほうはよく覚えているのだが、雌犬のレディとオスのトランプが一緒にスパゲッティを食べる有名なシーンをはじめ、随所に流れる《ベラ・ノッテ（Bella Notte）》の記憶はあまりない。この曲の素晴らしさに気づいたのは、もっと年を経てからである。いまでは自分のライブでときどき歌うこともあるほどである。

子どもの頃には短篇の「三匹の子ぶた」（33年、バート・ジレット監督）の中の《狼なんかこわくない（Who's Afraid of the Big Bad Wolf）》や、「白雪姫」（37年、デイヴィッド・ハンドほか監督）の中の《ハイ・ホー（Heigh-Ho）》、《いつか王子様が（Some Day My Prince Will Come）》といった歌のSP盤が祖父の家にあり、蓄音機で繰り返し、ヘビーローテーションで聴いていた。

それが高じて、作曲家が誰かまで調べた。フランク・チャーチル（Frank Churchill、1901年〜1942年）という作曲家で、彼は1930年にディズニー・スタジオに入社し、数多くのディズニー・アニメーションの音楽を手がけた。すごく才能のある人である。

どれもずっと耳に残るポピュラー・ソングばかりで、いまだに聴いている。そんな音楽って、いまはなかなかない。

（15年10月下旬号）

㊲本物ということ

前回触れたミュージカル『TOP HAT』の東京での来日公演を、幸い観に行くことができた。そしてその素晴らしさに驚いた。

僕はてっきりブロードウェイ発のミュージカルだとばかり思っていたのであるが、イギリスで作られた作品であった。プロデューサーも演出家もみなイギリス人で、それゆえか、1930年代のヨーロッパの雰囲気が、衣裳にも踊りにも出ていて、本物の感じがして良かったのである。

もちろんそれなりに現代風ではあるが、オリジナルである映画「トップ・ハット」(35年、マーク・サンドリッチ監督)とその時代を尊重し、変なアレンジをしていない。たとえば『シカゴ』がそうだと思うが、ブロードウェイ発だと、どの時代背景のものであろうと、どこかいまふうにアレンジしすぎてしまって、古き良きものを期待して観に来た観客の思いとずれることも多いのではないかと思う。

古き良きもの、と言っても、単なる古めかしさ、古色蒼然たるものというのとは多少意味が違う。伝統や歴史をきちんと踏まえながらも、いま観ることの新鮮があり、感動が伝わってくるもの。要するに本物ということであろうか。

その点、今回の『TOP HAT』は、主役の2人をどうしてもフレッド・アステアとジンジャー・ロジャースと比較してしまったりするけれど、踊りも歌も見ごたえがあり（離れた客席からだと顔まではよくわからないが）、演奏も上質で素晴らしかった。

これは日本人にはとてもできない。歌舞伎を白人ができないのと同じようにと思っていたが（そして話はずいぶんそれるのであるが）、その例外といえる貴重な存在の人もいる。最近、コシミハルが知人に誘われて、松本幸四郎主演の『ラ・マンチャの男』を帝国劇場に観に行ったらしい。それがあまりにも素晴らしく、これはやっぱり本物だ、それに比べて自分は素人だ、という感想を知らせてきた。

松本幸四郎さんは言うまでもなく歌舞伎役者で、当代九代目、代々続く高麗屋の名跡であるが、若い頃から現代劇やミュージカルでも活躍し、高い評価を受けている。特に『ラ・マンチャの男』の主役セルバンテス＝ドン・キホーテは彼の当たり役で、1969年の初演から1200回を超える上演が行われている。

僕は彼が歌うこの舞台のテーマソング《見果てぬ夢（The Impossible Dream）》が好きで、ブロードウェイ版のオリジナルで聴いてもそうは思わないのだが、松本幸四郎さんが歌うととてもいいのである。なぜなんだろうと思うが、おそらくそこに彼の魂が入っているからであろう。それは生で聴くしかない。彼はおそらくCDにしたりすることにあまり興味がないのであろう（一度だけ、彼が若き日、六代目染五郎の時代に発表したアルバムにこの曲も収録され、ＣＤになっているようであるが……）。コシミハルは、松本幸四郎さんは本物で、おそらく僕も含めて、自分たちは駄目だ、素人に過ぎないと言っていた（笑）。

さて、話はさらに変わって、最近観た映画について。

ＤＶＤのレンタル店に行くと、先日まで劇場公開されていた大作や話題作が棚のいちばん目立つ上のほうにずらりと並んでいる。だが、そういうのにはあまり目をくれないようにしている。一方、棚のいちばん下のほうにはたいていタイトルを聞いたこともない未公開作品や、Ｂ級Ｃ級映画のＤＶＤが並んでいて、そういう棚の中から、これはと思うものを探すのが僕は好きである。長年の経験の結果、ジャケットを見るというより、香り、というか匂いで、その映画がアタリかハズレかを見分けることができるようになった（笑）。まあそういう映画の9割がたはハズレであるが、ときどきすごい作品に出合うことがある。

最近そういうふうにして発見した映画の中に、「トラップ」（14年、ヤニック・サイエ監督）というフランス映画があった。

アフガニスタンかどこかに派遣された兵隊たちが帰還する途中、一人が砂漠で地雷を踏んでしまう。足を離すと地雷が爆発してしまう状況下、さて、どうなるかというテーマの映画で、地雷を踏んだままの映像というワンシチュエーションを、ほぼ2時間かけて描いている。それで十分映画としてもっているから、すごい。久しぶりに映画っぽい映画に出合えたと感心し、さすがフランスは映画の生まれた国だと思った。

それに触発されて、やはりワンシチュエーションを描いたフランスのサスペンス映画の傑作「恐怖の報酬」（52年、アンリ＝ジョルジュ・クルーゾー監督）をＤＶＤで観直した。もちろん面白く、感心したのであるが、翻訳のせいだと思うが、何だかへんてこりんな映画を観たような印象が残ったのが不思議である。

ともかく、フランス映画は昔から現在に至るまで、サスペンスものが得意である。ノワールもの、フィルム・ノワールの伝統というのであろうか。

僕が好きなこのジャンルの監督に、アンリ＝ジョルジュ・クルーゾーと並んで、ジャック・ベッケル監督がいる。「現金《げんなま》に手を出すな」（54年、イタリアとの合作）はとりわけ印象に残る映画で、《グリズビーのブルース（The Touch〈Le Grisbi〉）》というタイトルの、ハーモニカで演奏される素晴らしいテーマ曲をはじめ、音楽も素晴らしい（作曲はジャン・ヴィエネル）。映画の原題の“Touchez pas au Grisbi”は、「グリズビーに手を出すな」という意味。グリズビーという単語を初めて聞いたとき、人の名前か何かと思ったが、実は現金のこと。直訳すると「現金に手を出すな」。これに倣ってテーマ曲も直訳するなら《現金のブルース》である。映画そのものもいいが、「現金」を「げんなま」と読ませる邦題のセンスもとてもいい。

（15年11月下旬号）

㊳怖かったホラー映画体験

基本的にホラー映画は苦手なのに、けっこう観ている。

小学生の頃は確か〝ホラー〟という言い方はなく、〝テラー〟と呼ばれていた。テリブル（terrible）から来ている言葉だろう。もっと前は〝スリラー〟と言っていた。当時（1960年前後）、『スリラー』というアメリカのテレビドラマ・シリーズがあって、よく観ていた。何だか悪魔がよく出ていたような気がする。タロットカードに描かれているような鎌を持った悪魔が出てきたりする1時間もののドラマで、けっこう怖かったと記憶している。

スリラーがいつの間にかテラーになって、そんな時期に母親に連れられて観に行ったのが、アルフレッド・ヒッチコック監督の「サイコ」（60年）である。

何か別の映画を劇場に観に行った際、「サイコ」の予告篇が流れているのを観たのがきっかけである。けっこう長めの予告篇だったと思うが、ヒッチコック本人が登場し、犯罪の起こったベイツ・モーテルと屋敷の中を紹介していきながら、「ここが浴室です。前は血だらけでしたが、すっかり片づけたようです」などと現場をレポートしていく作りである。ちょっと怖そうだなと思いつつ、ヒッチコック監督のあの風貌ととぼけたユーモアにも惹かれ、これは絶対観に行きたいと思った。当時、テレビで『ヒッチコック劇場』（55～62年全米放送）を放送していたので、ヒッチコックは小学生にも親しみがあった。

母親もそういう映画が好きで、連れていってくれるというので楽しみにして「サイコ」を観に行ったのだが、これがユーモアなどどこかに吹き飛んでしまう、怖い映画であった。現金を盗んで逃亡するヒロイン、雨の中の車、場末のモーテル……と、素晴らしい冒頭の一連のシーンを観ていると、最初はサスペンス映画、犯罪映画かなと思っていたら、やがて本当に〝サイコ〟が登場する。有名なシャワールームのシーンも怖いが、当時はあまり骸骨とかミイラを見たことがなかったので、最後のシーンにもびっくりしてしまった。

音楽というか、効果音も怖さに拍車をかけた。作曲はヒッチコック作品にはおなじみのバーナード・ハーマン（Bernard Herrmann、１９１１年〜１９７５年）である。最近はバラエティ番組での怖いシーンでの定番の効果音のようになっているが、あの音楽が聴こえると、いまだに怖い。

ヒッチコックには「鳥」（63年）という、これも有名なサスペンスというか、一種のホラー映画がある。鳥たちが理由もわからず人間を襲うという、当時はちょっと珍しい設定で、後のことになるがいったい誰がそのお話を作っているのかと気になって調べたところ、ダフネ・デュ・モーリアという女流作家の短篇が原作であると知り、その名前を記憶した。ヒッチコックと同じイギリス出身の作家である。ヒッチコック作品では「巌窟の野獣」（39年、こちらは未見である）や「レベッカ」（40年）もデュ・モーリアの原作であることを知り、ますます興味を持った。これはヒッチコックではないが、「赤い影」(73年)というニコラス・ローグ監督の映画もデュ・モーリアの原作で、『いまは見てはだめ』という短篇をもとにしている。その原題〝Don't Look Now〟というのが映画の原題でもあるのだが、これもまた怖い映画である。そして美しい映画であった。

小学生の頃から中学生にかけて、〝ドラキュラ〟ものや〝フランケンシュタイン〟もののホラー映画がよく劇場で上映されていたし、テレビでも放映されていた。先日亡くなったクリストファー・リーが主演した「吸血鬼ドラキュラ」(58年、テレンス・フィッシャー監督)などのハマー・フィルム作品を、そうとは知らずたくさん観ていたと思うが、そういう人気キャラクターやモンスターが出てくるものはあまり怖いとは感じなかった。本当に怖かったのは、悪魔が出てくるような映画である。

やがて「ローズマリーの赤ちゃん」(69年、ロマン・ポランスキー監督)などに始まって、1970年代から80年代にかけて、悪魔や魔女、それに対抗する悪魔祓い(エクソシスト)が出てくるタイプのホラー映画がたくさん作られた。「エクソシスト」(73年、ウィリアム・フリードキン監督)や「オーメン」(76年、リチャード・ドナー監督)、「サスペリア」(77年、ダリオ・アルジェント監督)などが日本でも公開されて大ヒットしている。だいたい観ているのだが、「エクソシスト」などは、公開当時には観ていない。あまりに流行りすぎるとアマノジャクな性格が出てきて観る気がなくなってしまう、ということは僕の場合よくあるのであるが、「エクソシスト」は単純に、あまりにも怖そうだったので、すぐには観る気になれなかったのである。

でも一度観ると、その続篇も気になってだいたい観てしまう。「エクソシスト2」(77年、ジョン・ブアマン監督)などもわりとすぐ観た。これは怖いと同時に、イナゴ(ローカスト=locustと言うらしい)の大群が出てくるシーンがある、すごく面白い映画である。悪魔の使いのようなイナゴの大群が畑や草木はもちろん、人間も襲う。そのイナゴを悪魔祓いの神父が追い払うというストーリーであった。

そんな時期、僕はあるホラー映画との決定的な出合いをする。大学生のときである。土曜の夜だったたか、勉強に疲れて池袋にある映画館へと夜遅く出た僕は、なんだかおっかない連中に因縁をつけられたりして、繁華街の喧騒の中を闇雲に歩き、オールナイト上映中の映画館に逃げるように飛び込んだ。そうやって全く何の予備知識もないままちょうどスクリーンで上映されている映画を観たのだが、それが「悪魔のいけにえ」(74年、トビー・フーパー監督)であった。そしてその怖さに(同時に〝痛さ〟に)驚き、冒頭の30分くらい、女の人が犯人のフックに引っかけられるシーンでもう我慢できず、「うわーっ」と叫びながら立ち上がって、映画館を出てきてしまったのである。

(15年12月下旬号)

㊴恐怖に打ち克つための観方

映画館で「悪魔のいけにえ」(74年、トビー・フーパー監督)を観て、あまりの怖さに30分くらいで劇場から逃げ出してしまったという話の続きである。

いまはもう作る側も観る側もこの程度の残酷シーンには慣れてしまっているだろうが、当時「悪魔のいけにえ」を観たときは、殺され方があまりにも真に迫り、残虐で、痛々しく、そういう映画を観たのは初めてだったので、びっくりしたと同時に、すっかりトラウマになってしまった。なんてアメリカってすさんだ国なんだろうと呆れた一方で、その怖さに負けた自分がくやしかった。それがきっかけで、ホラー映画から逃げずに、むしろ積極的に観に行くようになったのである。ほどなくビデオの時代になり、公開・未公開を問わずたくさんの映画を自宅で観ることができるようになると、ますます意識してホラー映画を選ぶようになった。

トビー・フーパー作品も「ポルターガイスト」(82年)など観たが、「悪魔のいけにえ」の衝撃を超えるような、才能を感じさせる映画には出合わなかった。すごいなと思ったのはダリオ・アルジェント(Dario Argento、1940年〜)である。「サスペリア」(77年)、「サスペリアPART2」(75年、「サスペリア」と何のシリーズ的な関係もないが、「サスペリア」のほうが先に日本公開されヒットしたのでその前の作品が「ＰＡＲＴ２」として公開された）、「インフェルノ」（80年）、「フェノミナ」（85年）……と、どれも怖かった。特に「フェノミナ」の、いきなり首を切断されて殺されてしまうシーンなどは、突然ショックがくるので心臓に悪い。血が出てきたり、痛い系の映画がやはり僕は苦手なのである。

気をつけて観ないと、突然とんでもないことが起こるので、ビデオで観る場合は、まず早回しして次に何が起こるか確認してから観ている。恐怖に打ち克つための観方なので、まあ勘弁してもらいたい。それでも面白い映画は、やはりずっと印象に残っている。

「サスペリア」と同じ時期に公開されたホラー映画に「オーメン」（76年、リチャード・ドナー監督）があり、みなすごく怖いと話題にしていたが、僕はそれほど怖いとは感じなかった。グレゴリー・ペックが出演し、堂々たる出来栄えであった。それまでホラー映画の音楽といえば劇伴的なものが多かったのが、この映画では讃美歌のようなコーラスが随所に使用されていて（音楽はジェリー・ゴールドスミス）、《アヴェ・マリア》のマリアを悪魔に置き換えた《アヴェ・サターニ（Ave Satani）》というのもあった。ああいう宗教的な音楽をホラー映画にうまく使ったのは「オーメン」が最初のほうかも知れない。音楽の荘厳さも映画の大作感を助けている。

ホラー映画の音楽といえば、「サスペリア」をはじめアルジェント作品の常連であるイタリアのプログレ・バンド、ゴブリン（Goblin）の電子音楽も世界的にヒットしたし、「エクソシスト」（73年）のテーマ曲に使われたマイク・オールドフィールド（Mike Oldfield、1953年〜）の『チューブラー・ベルズ（Tubular Bells）』も、映画の影響もあってアルバムが大ヒットした。この頃からホラー映画が予算も少なく、一部のファンだけが楽しめるB級映画ではなく（それもずっと作られ続けてはいるが）、誰もが話題にする娯楽大作になっていったような気がする。それは音楽の効果も大きい。

さて、「吸血鬼」（67年）や「ローズマリーの赤ちゃん」（69年）などのロマン・ポランスキー（Roman Polanski、1933年〜）監督は映画も興味深く観ていたが、何よりシャロン・テート事件の印象が強く、それは最近まで僕を引っ張っている。シャロン・テートは「吸血鬼」の美人女優で、ラストシーンで、役者としても出演しているポランスキーと馬車に乗って逃げていくのが印象的だったが、この映画が縁で、1968年にポランスキーと結婚。69年8月9日、当時妊娠8カ月だった彼女は、狂信的なカルト指導者チャールズ・マンソンの信奉者たちによってロサンゼルスの自宅で一緒にいたほかの4人とともに惨殺されたという事件である。当時、世界的なニュースとなった。音楽ファンとして当時から僕はザ・ビーチ・ボーイズをいっぱい聴いていたが、その周辺の人たちと、マンソン・ファミリーがつながっていたのである。

シャロン・テートの家はもともと、テリー・メルチャーという音楽プロデューサーの自宅だか別荘であった。この人はドリス・デイの息子で、僕の好きだった音楽のプロデュースをたくさん手がけている。ザ・バーズとか、サーフ・ミュージックを作った人であるが、その関係でビーチ・ボーイズとも仲が良かった。そしてビーチ・ボーイズの結成メンバーの一人で、ブライアン・ウィルソンの弟でもあるデニス・ウィルソン（彼も39歳の若さで亡くなってしまった）が、マンソン・ファミリーに入っていた。

デニスのはからいで、チャールズ・マンソンはテリー・メルチャーに会う。というのも、マンソンはシンガー・ソングライターとしてメジャー・デビューしたかったのである（実際にアルバムも発表している）。だが、メルチャーはコロムビアという大手レコード会社にいたので、会社の同意を得られなかったこともあり、マンソンの申し出を断った。それを恨みに思ったマンソンの意を受けてファミリーの連中が、メルチャーの家だと思って襲ったのだが、その家はすでにポランスキーが借りていた。彼自身は仕事のために不在で、たまたまそこにいたシャロン・テートたちが襲われたという。そういう事実を、最近公開されたポランスキーのインタビュー映画「ロマン・ポランスキー　初めての告白」（12年、ローラン・ブーズロー監督）で初めて知り、びっくりしたのである。

ひょっとしたらマンソンは、メルチャーの目の前でギターを弾いて歌ったのかも知れない。メルチャーもまんざら悪い反応をしなかったのにオファーを断った。そんなことを想像しつつ、ハリウッドのダークサイド・ストーリーに思いを馳せた。

（16年1月下旬号）

㊵都市伝説どころじゃない!?

ホラー映画というジャンルの中でも、悪魔ものとか凶悪殺人鬼ものとか、さらに細かいジャンル分けができる。そういう中で、相変わらず〝ゾンビもの〟が流行っているような印象である。どれもゾンビが普通の人間を襲うといった話がほとんどのようで、実は若干辟易している。あまりにも作られ過ぎの感があるのだ。

ただその中で、ウェス・クレイヴン監督(1939年~2015年)の作品で好きな映画がある。「ゾンビ伝説」(88年)という映画で、原題は〝The Serpent and the Rainbow〟=『蛇と虹』という人類学者の本が原作のもの。あまり知っている人はいないようだが、タイトル通り素晴らしい映画である。ビル・プルマン演じる科学者が、南米のハイチにゾンビの謎を解くためにやって来るのだが、そこでブードゥー教の儀式などを目撃し、黒魔術師や、死から蘇った男などとも出会うが、自分もブードゥーの呪いをかけられ、生きたまま死んでしまう。一種の民俗学的な映画である。本当のゾンビはこれだ! と感心してしまった。

ゾンビ映画は各国にあるようで、日本でも最近はゾンビものが増えているが、昔は幽霊ものが多かった。日本の幽霊ものは(そんなに詳しくはないのだが)、ほかのホラー映画と比べても特に怖い映画が多いように思う。40年くらい前に、テレビで「東海道四谷怪談」(59年、中川信夫監督）を観たのであるが、カメラアングルも凝っていて、本当に怖かった。恐ろしいものをこれでもかというくらい見せるのが欧米のホラー映画なら、日本の幽霊ものは、なかなか見せずに想像させるというところに怖さがある。その後の新しい幽霊映画、たとえば「女優霊」（96年、中田秀夫監督）や「リング」（98年、同じく中田秀夫監督）に始まる一連のシリーズなども同じく、観た作品はどれもとても怖かった。一度「リング」の原作者の鈴木光司さんと対談する機会があったのであるが、ご本人は全然ホラーとか超常現象に興味がないと言うので、腰が砕けたことがある。からかわれたのかも知れない。

最近は『やりすぎ都市伝説』といったテレビ番組をよく観ていて、都市伝説ものにハマっている。セキルバーグ（関暁夫）という元お笑い芸人が語る都市伝説の話が詳しくて、あなどれない。僕もだいたいのことは知っているほうだが、セキルバーグの話には初めて聞くことが多かった。たとえば、iPhoneのシリ（Siri）という音声通話システムにある特別な質問をすると、とんでもない答えが返ってくるのでやってはいけない、といったことを言う。なぜか、と解説していくのであるが、それがすごく奥深い。そこには都市伝説どころではない、すごくリアルな世界が背景にある。たとえばシンギュラリティ（Singularity＝特異点）といった考えがあって、コンピュータがこのまま進化していくとやがて人工知能が人類の知能を超えてしまい、2045年頃にはもはや人間が予測できない世界がやってくるという。

Google（グーグル）をはじめ、いまのIT業界や巨大企業は来たるべき時代に備えて、人工知能の開発を自ら進めたり、ビッグデータを集めたりしている。企業はそこに新しい可能性を見ているのだろうが、まさに「マイノリティ・リポート」(02年、スティーヴン・スピルバーグ監督)や「トランセンデンス」(14年、ウォリー・フィスター監督)、あるいは「マトリックス」(99年、ラリー&アンディ・ウォシャウスキー監督)で目にした世界の実現に向かっているんだなという実感がある。そんな現実を背景に、伝説が作られる。決して笑いごとで観ているわけではない。これはホラーよりも怖いことである。

そういえば「遊星からの物体X」(82年、ジョン・カーペンター監督)も、宇宙から落下してきた円盤を南極で発掘するところから始まるが、本当にそういう出来事があった証拠だという写真が残っている。都市伝説である。その写真を見たが、微妙に映画とは違う。氷に円盤がはさまっている写真もある(後に撮影の初期に作られたセットだという説が流布した)。最近は円盤ではなく、南極の最下層あたりから未知のウイルスが発見されたらしい。そういうニュースに僕はドキドキする。

「遊星からの物体X」がそうであるように、考えてみれば〝SFホラー〟というジャンルがあるくらいだから、ホラーとSFには近いものがある。「エイリアン」(79年、リドリー・スコット監督)の舞台は宇宙船だが、作り方は完全にホラーである。封切り当時、特に予備知識もなく、普通のSF映画かなと思って観に行ったら、ホラーの密室劇で、こんなに怖くて面白い映画があるんだと感動した。

「プレデター」(87年、ジョン・マクティアナン監督)もSFホラーの傑作である。アクション映画かと思って観ていたら、途中からSFホラーになった。そういう展開が好きだ。この映画は音楽もよく覚えている。いや、音楽とはいえず、劇伴ですらないのであるが、多くのシーンで打楽器が連打されている音がバックにずっと流れるのである。いま聴けばどうってことはないが、そのときはとても印象深かった。

「エイリアン」も「プレデター」もその後続篇がいくつも作られ、人気シリーズとなった。ついには2作合わさって「エイリアンVS.プレデター」(04年、ポール・W・S・アンダーソン監督)なんて映画まで作られ、それすら続篇が作られたが、1作目の完成度があまりにも高かったからか、だんだん駄目になってしまい、いまではもはや消滅したジャンルだ。

そんな中、「エイリアン」シリーズの新作を「第9地区」(09年)、「チャッピー」(15年)などのニール・ブロムカンプ監督が手がけると聞いたので期待していたのだが、残念ながらその話は大幅に延期されたらしい。それはリドリー・スコット監督が「プロメテウス」(12年)の続篇「エイリアン:コヴェナント」の製作に乗り出したからだ(日本公開は17年)。いずれにしろ「エイリアン」の系譜からは目が離せない。

(16年3月下旬号)

㊶ＬＡ的ダークサイド

都市伝説に興味がある。フィクションよりも現実の怖さに関心があるという話の続きといおうか。たとえばロサンゼルス（ＬＡ）のダークサイドに以前から興味を持っている。ＬＡは映画の都ハリウッドのある都市であり、華やかな世界がある一方で、さまざまなダークサイドがある。この連載の前々回で、ロマン・ポランスキーの奥さんだったシャロン・テートがチャールズ・マンソンの一味によって惨殺された事件（69年8月）のことを書いたが、これも舞台となったのはＬＡであった。

ＬＡを舞台にしたもう一つの有名な事件に、ブラック・ダリア事件というものがある。１９４７年1月、黒い服を好んだことから〝ブラック・ダリア〟と呼ばれていた女優志望のエリザベス・ショートという女性が死体で見つかった。胴の部分で真二つに切断され、しかもその切断面がきれいに洗浄されているというショッキングな死体で、さらに事件発覚後に地元の新聞社に何者かから彼女の所持品が送りつけられてくる。ところが死体にも所持品にも犯人と結びつく証拠や手がかりは見つからない。事件は非常に世間の注目を集め、自分が犯人だと名乗る者が何人も現れたが、いずれも偽者であった。現在に至るまで犯人はわからず、迷宮入りになっている。

この事件をもとに、ジェイムズ・エルロイが87年に小説『ブラック・ダリア』を書いている。これは後にブライアン・デ・パルマ監督により映画化（06年）されたが、非常に興味深く観た。エルロイはLA出身の作家で、地元を舞台にした名作をいくつも書いている。まさにLAのダークサイドを描く作家で、彼の原作の映画化はだいたいチェックしている。

『ブラック・ダリア』はエルロイの小説の中で、特に〈暗黒のLA4部作〉と呼ばれるシリーズの1作目で、その後、『ビッグ・ノーウェア』（88年）、『L.A.コンフィデンシャル』（90年）、『ホワイト・ジャズ』（92年）と続く。

このシリーズでは、50年代を舞台に、ロス市警の3人の警官が警察内部の腐敗に直面する『L.A.コンフィデンシャル』が、『ブラック・ダリア』の映画化より早く、97年にカーティス・ハンソン監督によって映画化され話題になった。スリリングな映画で、当時に流行った音楽の使い方も非常に良く、とても好きな映画だった。この原作も『ブラック・ダリア』同様、「血のクリスマス事件」など、50年代当時実際に起きた事件や出来事が背景になっているので面白い。

一方で、映画「L.A.コンフィデンシャル」と同じ頃に、同じくLAを舞台にした（劇中では特にどこの都市と明らかにしていなかったかも知れないが、LAで撮影しているのは間違いない）、猟奇殺人がテーマの「セブン」（95年、デイヴィッド・フィンチャー監督）という刑事ものの映画がずいぶん話題になった。主演のブラッド・ピットもこの映画で一気にブレイクしたが、これはあくまでもフィクションなので、僕としては全然怖くなかった。観ているうちにオチもわかってしまったのである。

そのせいか、デイヴィッド・フィンチャーは評価の高い監督だが、何となくかまえて観てしまう。スウェーデンの作家スティーグ・ラーソンの推理小説で『ミレニアム』3部作というものがあり、本国では3部作とも映画化されているが（スウェーデン、デンマーク、ドイツの合作）、そのうち第1部はハリウッドでも映画化された（「ドラゴン・タトゥーの女」11年）。これも、監督がフィンチャーであったが、やはり北欧版オリジナルのほうが良かった（「ミレニアム　ドラゴン・タトゥーの女」09年、ニールス・アルデン・オプレヴ監督）。ハリウッド版よりも重い雰囲気で、何より映画よりもスウェーデン語のほうが言葉の響きというか、トーンがいい（もっともそれはフィンチャーのせいではないが……）。

実は当初『ブラック・ダリア』の映画化はデイヴィッド・フィンチャーが手がける予定だったという話もある。実現していたらどうだったろうか。

スティーグ・ラーソンをはじめ、北欧のミステリー小説は近年世界的なブームで、日本でも翻訳が多数出ている。その映画化もドラマ化も数多くあり、これも日本でも衛星放送やDVDやブルーレイなどで観ることができる。いろいろ観ている中で、『THE KILLING／キリング』（第1シーズンは07年放映）というデンマークのテレビドラマ・シリーズが面白かった。とても地味なドラマなのであるが、観ているうちに、どことなく『ツイン・ピークス』(90～91年全米放映)のデイヴィッド・リンチの血を受け継いでいる雰囲気があり、印象に残る。

そういえば、『ツイン・ピークス』の新シリーズが2017年放送予定というニュースを聞いたが、その後製作は進んでいるのだろうか(17年5月～9月全米放映)。『ツイン・ピークス』こそ、僕がもっともハマったテレビドラマの一つであった。放送当時、本当によく観ていたし、遂には撮影されたシアトルのロケ地まで訪ねていき、そこでクーパー捜査官の真似をしてチェリー・パイを食べてきたくらいである。

『ツイン・ピークス』が終わったあとは喪失感も深く、ほぼ入れ替わりに始まった『X－ファイル』(93～02年全米放映)を観始めたのだが、とてもその穴を埋めてくれそうもなかった。ところが、シーズンを重ねるうち、ときどきあれっと思う、気になるエピソードがあって、これもだんだんハマっていった。いわゆる〝Xファイル・ミソロジー〟と呼ばれる、政府の陰謀、異星人と政府との密約や地球の植民地化計画といった、シリーズを貫くテーマである。謎は決して解決しない。まさに都市伝説なのである。

(16年4月下旬号)

dreams I walk
with
you~

「ブルーベルベット」

㊷ミステリーとサスペンス

ホラー映画の話が続いたので、そろそろ別のジャンルについてというわけで、ミステリーやサスペンス映画というものを考えたのであるが、そもそも、ミステリーとサスペンスの違いがよくわからない。どちらにしても怖い映画だということでは同工異曲だ。

何回か前のこの連載で、ニコラス・ローグ監督の「赤い影」(73年)のことに少し触れた。人から「いちばん怖い映画は?」と聞かれるたび、昔からずっとこの映画だと答えている。

主演のドナルド・サザーランドはロンドンの考古学者で、娘を池の溺死事故で失っている。失意を抱いたまま彼は妻を連れてヴェニスの仕事場に行くのであるが、そのヴェニスの風景が、実際に丁寧にロケして撮影しているのだと思うけれど、素晴らしく美しい。その一方で、ネズミがいっぱいいたり、盲目の老女に「ヴェニスから立ち去れ」と忠告されたり、異形の矮人が登場したり、といったような、ヴェニスの闇が描かれる。その対比が怖い。

娘が亡くなった日、雨が降っていたのでその娘は赤いレインコートを着ていた。ヴェニスでサザーランドの目に、その娘が着ていたような赤いレインコートの影がチラチラと入ってくる(邦題の〝赤い影〟はそこからきている。原題は“Don't Look Now”)。そしてそのたびにいろいろ不吉なことが起こるという物語。ところが最後に予想外の、まるでダリオ・アルジェントの映画のような結末になるのでびっくりした。昔観たきりだが、いまでも忘れられない。「赤い影」の原作者がダフネ・デュ・モーリアで、同じ彼女の原作で作られた、美しくも怖い映画の代表格がヒッチコックの「レベッカ」(40年)と「鳥」(63年)。ということも以前の連載で触れたが、「レベッカ」と同じく、古い屋敷の中での恐怖を描くという物語で、系統的に似ているなと思ったのが「アザーズ」(01年、アレハンドロ・アメナーバル監督)である。こちらはスペイン国籍のアメナーバル監督のオリジナル脚本で、主演はニコール・キッドマン。オーストラリア出身のお姉ちゃんなのに、この映画の中では見事に淑女になっていて素晴らしい。気になるのはスタンリー・キューブリック監督の「アイズ・ワイド・シャット」(99年)での彼女だ。キューブリック最後の作品なので文句は言えないが、トム・クルーズとともに台詞が残念だった。「アザーズ」以降のキッドマンは「毛皮のエロス」(06年)も「インベージョン」(07年)そして「リピーテッド」(14年)も緊張感があって良かった。

キューブリック監督では「シャイニング」(80年)が好きな作品で、印象に残るシーンがいっぱいある。〝シャイニング(shining)〟というのは〝ひらめき〟ということで、この映画の中では少年の予知能力を指している。それにまつわる物語であることに感動した。この映画をいろいろな角度から検証し、謎解きした「ROOM237」(12年、ロドニー・アッシャー監督)というドキュメンタリー映画も作られたくらいで、興味深い。

もっとも、原作者のスティーヴン・キングはキューブリックの映画が気に入らなかったようで、自ら脚本を書き製作総指揮を務めてテレビドラマ（97年、ミック・ギャリス監督）を作っている。ＤＶＤが出ているので少し観てみたが、映画版にはとてもかなわず、途中でやめてしまった。

僕も文句を言いたくなる「怖い」映画は山ほどある。たとえばリドリー・スコット監督の「ハンニバル」（00年）。トマス・ハリス原作のレクター博士シリーズの何作目かの作品で、ちょっとキャラクターの作りすぎというか、ハンニバル博士の食事が悪趣味に過ぎたと残念に思った。同じシリーズでも最初の「羊たちの沈黙」（91年、ジョナサン・デミ監督）や、「ハンニバル」のあとの「レッド・ドラゴン」（02年、ブレット・ラトナー監督）などは面白く観た。このシリーズは全部観ているはずだが、原作の順番と映画製作の順番が違ったり、同じ原作を違うスタッフ、キャストが作っていたりでごっちゃになっているが、とうにレクター博士の旬は終わってしまったようだ。博士を演じたアンソニー・ホプキンスも注目されたが、博士の強烈なキャラを引きずらない活動をしていてさすがだ。

僕にとってミステリーあるいはサスペンス映画で欠かせないのは、最後にどんでん返し（とまで言わないとしても、意表をつくラストシーン）があるということ。それが良いと「赤い影」のようにずっと印象に残るし、逆に「ミスト」（07年、フランク・ダラボン監督）のような救われないエンディングには監督の戦略的な意図を感じてしまう。同じ奇妙な終わり方をした作品として忘れられないのは、これはテレビドラマであるが（映画も作られたが）、デイヴィッド・リンチの『ツイン・ピークス』シリーズ（90〜91年全米放映）である。『ツイン・ピークス』は登場人物がやたらと多いが、一人ひとりに感情移入ができるくらいユニークで、キャラクターもそうだし演じている俳優たちに親しみがわく。中でも町の有力者にしてホーン・ファミリーの長、ベンジャミン・ホーン役で出てくるリチャード・ベイマー。彼は「ウエスト・サイド物語」（61年、ロバート・ワイズ監督）でマリアと恋仲になり、最後は命を落とす主人公トニーを演じた俳優である。二枚目のやさ男であった彼が？　と、全然イメージがつながらなかったが、印象的な悪役キャラクターの一人である。

ほかにも精神科医のジャコビーを演じたラス・タンブリン。彼はもともとアクロバット・ダンサーで、やはり「ウエスト・サイド物語」でジェット団のリーダー、リフを演じている。小さい頃に観た子ども向けのミュージカル映画「親指トム」（58年、ジョージ・パル監督）のタンブリンをよく覚えていたので驚いたものだ。

このシリーズの後半で、僕の友人にして師匠でもあるヴァン・ダイク・パークスが、弁護士役で出ていたのもうれしかった。このあたりのキャスティングはリンチ監督の趣味の良さである。

（16年5月下旬号）

㊸サスペンス、引用、そして馬

最近観た映画で面白かったのは、「オン・ザ・ハイウェイ　その夜、86分」(13年、スティーヴン・ナイト監督）というイギリス映画である。登場するのは主演のトム・ハーディ一人で、画面に映るのは最初から最後までずっと高速道路をドライブしている車の中の男の姿だけ。車に備えつけの電話での会話で、この男がたいへんな立場に立っていることがわかる。わざわざこんなことをするなんて、これも男の意地なのか、などあれこれ考えさせる映画であり、密室劇という点では異色のサスペンスと言えるかもしれない。よくこんな映画を作ったなというか、そのアイデア、志が素晴らしかった。

「フォーン・ブース」(02年、ジョエル・シュマッカー監督）もそういったシンプルなアイデアが成功した映画の一つ。マンハッタンの街のど真ん中にあるガラス張りの電話ボックスだけで展開する密室サスペンスである。サスペンス映画の面白さはやはり、いかに閉ざされた空間や時間で展開しているか、というところだと思う。密室劇の多くが名作であることも頷けるというものだ。

これはサスペンス映画に限らないかも知れないが、先行する素晴らしい映画へのオマージュや引用を踏まえているのがわかるとうれしくなる。前回も触れた『ツイン・ピークス』

（90～91年全米放映）はキャスティングもそうだが、ドラマの中にいろいろな映画の引用がうかがえるのも面白さの一つだと思う。

『ツイン・ピークス』には、デイヴィッド・リンチ本人がクーパー捜査官（カイル・マクラクラン）の上司、ＦＢＩ地方捜査主任役で登場する。その佇まいがジェームズ・スチュアートに似ていたので、彼が出たアルフレッド・ヒッチコック監督の「めまい」（58年）に似た印象を受けた。リンチは間違いなくヒッチコック好きであろう。ヒッチコックの引用は『ツイン・ピークス』の中でもいろいろあるようだが、緊迫した物語の合間に、ちょっとしたユーモアがあるのもヒッチコックと同じ。僕が子どもの頃からヒッチコックが好きなのも、このユーモアゆえである。

ヒッチコック好きはガス・ヴァン・サント監督も間違いなさそうで、彼はヒッチコックの「サイコ」（60年）にオマージュを捧げるあまり、そのリメイク版（98年）を監督するにあたって、タイトルロゴも含めて、ヒッチコック版と全く同じカット割りで撮ってしまった。一度モニターを2台並べ、ヒッチコック版とガス・ヴァン・サント版の「サイコ」を同時に流して観たことがある。この試みは実に楽しかったのだが、残念ながら出演者のレベルが、ガス・ヴァン・サント版のほうが低かった。ジャネット・リンとはとても比べられない。そういうこともあって、ガス・ヴァン・サントはずいぶん批判されたようであるが、僕はリメイク作品を作るにあたっての彼のそういう態度は好きだし、支持したい。

素晴らしい映画は引用をいくらしてもその価値は減らない。むしろ引用されればされるほど価値は高まる。そして引用しようとする側が敬意を持ってそれを引用していると、また楽しく観ることができるのではないかと思う。ヒッチコックはずいぶんいろいろな映画に引用されているが、日本映画でそういうケースはあまり聞いたことがない。たとえば日本映画には黒澤明監督という素晴らしい存在があるのに、なぜ黒澤監督っぽい映画が作られないのだろうかと思う。リメイクしても全然違うものになっている。

実は音楽も全くそうなのである。パクリはされるけれど、引用はされない。音楽における引用という方法は、僕にとってはすごく大事なこと。引用する場合、クォーテーションというのだが、何のスタイルか、何の曲から引用しているのか、必ず明記する。だがクォーテーションをしないでパクられている音楽がたくさんある。

再び映画に戻ると、小津映画のように、その静的な雰囲気を真似ることはできるが、黒澤監督のような動的なものはできないのだろうか。

動的といえば、黒澤明監督は馬を撮るのが素晴らしくうまい監督であった。黒澤監督の師匠の山本嘉次郎監督ほか、昔はいろいろいたのであろうが、日本映画で馬の撮影が素晴らしい監督をあまり知らない。もちろん、ジョン・フォードなど一部の西部劇は素晴らしいが、それらの西部劇と比べても、黒澤映画の馬は素晴らしいし、最近は、アメリカ映画でさえ馬がうまく撮れているのは少ないような気がする。ただし馬好きで有名なクリント・イースウッドは例外で、「許されざる者」（92年）での馬の扱いには驚かされた。

最近ではタル・ベーラというハンガリーの監督が撮った「ニーチェの馬」（11年）が素晴らしかった。冒頭シーンの、馬が疲れている感じがとても良い。ほかにもポール・W・S・アンダーソンという若い監督、B級にしてはなかなか馬をうまく撮るなと思ったことがあった。ポール・トーマス・アンダーソンと名前が似ていて混同するが、ミラ・ジョヴォヴィッチの旦那で「バイオハザード」（02年）を撮っている人物。タイトルは確か「モータル・コンバット」（95年）だったか、その後、馬のシーンを探しても見当たらないので記憶違いなのだろうか。しかし馬の出てくるシーンがとてもうまく、この監督はすごいなと思った記憶だけがある。そのときは全く黒澤明監督を思い出したくらいであった。

これほど僕が馬が好きなのも、考えてみれば父の影響があるかも知れない。父は学生の頃に馬術部だったこともあり、馬事公苑に連れられて僕も乗馬を体験したことがある。そのとき、もっと乗っていたい、乗馬を続けたいと思ったものだが、乗馬をしていた父は同時に痔にも悩まされていたらしく、お前も痔になるから駄目だと僕には乗馬を許さなかった。それが本当なのか、ほかに理由があったのかわからないが、このような個人的な思い出と、西部劇や時代劇好きの下地もあって、いまでも馬のシーンが出てくる映画が好きなのである。

サスペンス映画からどんどん離れてしまった。


（16年6月下旬号）

「ニーチェの馬」

㊹サスペンス映画の話をもう少し

Ｂ級映画が好きで、劇場でもレンタルＤＶＤでもよく観るのだが、あまりに観すぎていてタイトルが思い出せない。そんな中で、比較的よく覚えているサスペンス映画の話をもう少し。ここ数年に観た映画で、話が複雑なこともあってかあまり話題にならなかったが、予告篇に興奮して観に行った「ダークシティ」（98年、アレックス・プロヤス監督）というＳＦ映画が面白かった。隠れた名作と言ってもいい。

不思議な映像の映画で、最初はニューヨークあたりの大都市が舞台になっているのかと思って観ていたが、どうもそうではない。どこともわからない、暗い街の中で物語は展開する。夜ごとビルディングが成長したりしている。外の世界はどうなっているんだろうと主人公が調べに行くのだが、壁があってどうしても行けない。やがて最後に驚くべき事実が明らかになる、というストーリーだけ紹介してもよくわからないかも知れない。とにかく印象に残る映画であった。

閉ざされた街を舞台にしているのが、サスペンスの要素としていいのかも知れない。レオナルド・ディカプリオが主演した「シャッターアイランド」（10年、マーティン・スコセッシ監督）も、ボストン沖にある孤島を舞台にしていて面白かったし。

アルフレッド・ヒッチコック監督の「救命艇」（44年）も、まさに狭い救命艇の中でだけで物語が展開する、ある種の密室サスペンス映画である。この映画の舞台を未来の宇宙に置き換えてリメイクした、宇宙に漂流する救命艇の中で物語が展開する「ライフポッド」（93年、ロン・シルヴァー監督）という作品もある。劇場公開はされていないテレビ映画のようで、レンタルビデオ店で見つけて観たのだが、これも面白かった。

サスペンス映画の要素で僕がもう一つ気になるのは、実際にあった事件や歴史的事実をもとにした作品に非常に興味があるということである。

そういう意味では１９５０年代後半の一連のポーランド映画が忘れられない。党の要人暗殺を依頼された青年を描く「灰とダイヤモンド」（58年、アンジェイ・ワイダ監督）や、夜行列車に乗り合わせたさまざまな人たちの人生を描いた「夜行列車」（59年、イエジー・カワレロヴィッチ監督）といった、ポーランドの政治状況や歴史的背景をもとに作られたもので、ある意味でサスペンス映画と言えるだろう。ロマン・ポランスキー監督の「水の中のナイフ」（62年）もそう。ああいう映画をもっと観たいと思っている。

ポーランド映画といえばもう少し時代が下って、今年（２０１６年）の2月17日に亡くなったというニュースを聞いたアンジェイ・ズワウスキ監督も気になる監督であった。

彼が監督した映画をビデオで取り寄せて改めて観たのであるが、81年の「ポゼッション」というのがちょっと変な映画であった。

セールスマンの夫役のサム・ニールと新婚の妻でバレエの先生をやっているイザベル・アジャーニの主演で、２人の仲はうまくいっていない。妻の様子が変なので、浮気でもしているんじゃないかと夫は問い詰めるのであるが謎は深まるばかりで、彼女の行動を追っているうちにとんでもないことが起こる。サスペンスといえばサスペンスの、恐ろしい映画であった。憑依されたイザベル・アジャーニが地下道で一人悶々とのたうちまわるシーンがあって、その演技もすごかった。この監督は、「ワルシャワの柔肌」(96年)というのも変で、エロティックな映画である。

この世に実際にありそうなことほど怖いものはない。そういう意味では最近、ファンタジー映画は変に現実離れしていて、あまり観る気が起こらない。だが先日、BS放送でディズニー映画「ピノキオ」(40年、ベン・シャープスティーン、ハミルトン・ラスク共同監督)をやっていたので久しぶりに観たのであるが、これがファンタジーどころではない、すごく怖い映画であることに気がついた。好き放題に遊んで暮らしているとロバになってしまうというすごい教訓。これが怖い。子どものときに観て、とても怖かったのを改めて思い出した。

日本のサスペンス映画も好きである。特に昔の映画をよく観る。筆で書いた手書きのタイトルロゴもいいし、音楽もいい。サスペンスというより、ミステリー映画と言ったほうが適切だろうが、昔、松本清張原作のミステリーの映画化が50年代から60年代にかけてちょっとしたブームになって、いろいろ面白く観た記憶がある。

中でも野村芳太郎監督の「張込み」（58年）が好きだった。昔の有楽町などのロケシーンが登場して、リアリティーが感じられた。山田洋次監督の「霧の旗」（65年）も松本清張原作。この映画がどれだけ面白かったかは、この連載ですでに触れている。

黒澤明監督は原作に頼らず、「悪い奴ほどよく眠る」（60年）など、オリジナル脚本でサスペンス映画の傑作を数多く手がけている。「天国と地獄」（63年）はエド・マクベインのミステリー小説を下敷きにしているが、ほとんどオリジナルと言っていいだろう。中学生のとき、封切りで観に行った。「霧の旗」もそうだが、列車が出てくるのがいい。

風景ということで思い出したが（そしてミステリーとは全然違うジャンルなのだが）、是枝裕和監督の「空気人形」（09年）もとても好きだった。映画に登場する、映画では「銀町」と呼ばれた、中央区の湊あたりの同じ場所に僕も当時住んでいて、映画の中と同じ風景をいつも見ていたのである。是枝監督は風景の切り取り方がうまいとでも言うのだろうか。ほかの映画とちょっと違うところがある。

ロケーション風景が良い日本映画は、ずっと印象に残る。

（16年7月下旬号）

「ポゼッション」

㊺ちょっと気になるタイトルの話

僕の音楽の聴き方というか、探し方は昔からあまり変わっていなくて、ラジオでヒットしているからというのでそのレコードを買ったりはしない。レコード屋に行って（レコードが入っている箱を当時は〝餌箱〟なんて呼んだのであるが）、箱に詰められたジャケットを次々とめくりながら、直感を働かせてこれだというのを買ってくる。昔はその勘がよく当たった。いまはジャケットがみんな良くなったから、駄目である。ジャケットだけ良くて、中身はひどいものが多い。それに、レコード屋でレコードを探す（いまではCDだが）のにも体力が必要だし、いまはもっぱらパソコンでダウンロード購入をしている。ずいぶん変わったものである。

同じように映画も、こちらはいまでも続いているのであるが、レンタルDVD店の棚をのぞいては、これはと思うものを〝ジャケ借り〟していた（たいてい日本劇場未公開作品や、知らないうちに公開が終了したB級映画が多い）。いちばん下の棚が狙い目で、これも意外な掘り出し物があって楽しい。だが観たあとにはすっかりタイトルも忘れてしまっていて、どういう映画か説明するときに全く固有名詞が出てこないのは困りものだ。

ジャケ借りする際の基準の一つとしてパッケージのデザインはもちろん、洋画の場合はそのタイトルが大きいのであるが、最近の邦題はますます信用できなくなっている。たとえば最近、パラノーマルなんとかというタイトルをよく見かけるが、「パラノーマル・アクティビティ」（07年、オーレン・ペリ監督）のような映画を想像していると、全く別ものなので直感が大事だ。

昔は邦題もいろいろ工夫されていて味わい深く、「駅馬車」（39年、ジョン・フォード監督）の原題は〝Stagecoach〟で、駅馬車はまさに直訳なのだが「ステージコーチ」とカタカナのタイトルにするよりずっといい。「望郷」（37年、ジュリアン・デュヴィヴィエ監督）の原題は〝Pépé le Moko（ペペ・ル・モコ）〟で、ジャン・ギャバン扮する主人公の通称。原題よりもこちらのほうがカッコいい。そういう映画がたくさんあった。

全く別もののタイトルをつけるよりは、原題をそのままカタカナにしたほうがまだましとも一概に言えないが、「アンダーグラウンド」（95年、エミール・クストリッツァ監督）のインターナショナル・タイトルは〝Underground〟で直訳なのだが、タイトル通り迷路のように入り組んだ地下世界＝アンダーグラウンドを舞台にした映画であり、これはタイトルと内容もうまくリンクしており、しかも映画そのものが面白かった。

そう書いていていま気がついたのであるが、僕は〝迷路もの〟が好きなのかも知れない。まさにタイトル通り巨大な迷路をランナーたちが走る「メイズ・ランナー」（14年、ウェス・ボール監督）という映画がある。アメリカでベストセラーになったジェームズ・ダシュナーという作家によるヤングアダルト小説（というらしい）の映画化で、本国では大ヒットしたものの日本では全く話題にならなかったSF。だがなかなかよくできた映画で、僕はとても楽しんで観た。その続篇「メイズ・ランナー2：砂漠の迷宮」（15年）ももちろん観ている。

アメリカでは近年ヤングアダルト小説が流行っているようで、その映画化も多く、「メイズ・ランナー」と同じような近未来を舞台にしたSF映画で「ダイバージェント」（14年、ニール・バーガー監督）というのもあったし、ジェニファー・ローレンス主演の「ハンガー・ゲーム」（12年、ゲイリー・ロス監督）もそう。原作小説がヒットしシリーズ化され、同じように映画もシリーズ化、それぞれ記録的なヒットとなっている。製作費はとてつもなくかかっているだろうからもちろん大作なのだが、どこかテーマやアイデアにB級映画的なテイストのあるSF映画で、僕はどれも好きでけっこう観ている。だが日本ではあまり人気がないようだ。昔はこの手のアメリカ映画が日本でも大ヒットした印象があるのだが、日本人の趣味が変わったのだろうか。もっと私小説的なものに興味を持つようになった気がする。

こういうシリーズものの難点は、どれがどれだかわからなくなってしまうところである。初めて観るなと思ってDVDを借りて観ているうちに、これは以前に観たぞと気づくことがよくある。

タイトルの話に戻ると、ニコール・キッドマン主演で「虹蛇と眠る女」（15年、キム・ファラント監督）という映画が２０１６年に公開され、まだ観ていないのだがそのタイトルが気になって仕方がない。原題は"Strangerland（見知らぬ土地）"である。僕の好きなウェス・クレイヴン監督の「ゾンビ伝説」（88年、原題が"The Serpent and the Rainbow「虹と蛇」"）と関係があるのだろうか。ニコール・キッドマンは小品にすごくいいのが多い。

"蛇"つながり（?）で言えば、「アクトレス　女たちの舞台」（14年、オリヴィエ・アサイヤス監督）という映画がとても面白かったのだが、いろいろ調べたからわかったものの、この映画の邦題がすぐには思い出せなかった。ジュリエット・ビノシュがベテラン女優の役で、クロエ・グレース・モレッツが新人女優役で出演している。大女優の孤独や葛藤の日常を描いた映画なのであるが、舞台となったのが「シルス・マリア（Sils Maria）」という、スイス東南部にある小さな集落で、そしてそこでは「マローヤのヘビ」と言われる、山の谷間をヘビのように雲がはっていく神秘的な現象が見られる。その風景が素晴らしい。この「マローヤのヘビ」というのが、ビノシュが女優として開花したきっかけになった舞台劇のタイトルでもある。映画の原題は"Sils Maria"で、物語の舞台と女優の生き様とが重なり合う映画なのであるが、「アクトレス　女たちの舞台」というタイトルではそういうイメージは全く連想させず、残念であった。

（16年8月下旬号）

㊻うれしくなる新感覚ホラー

相変わらずB級映画をよく観ている。もっとも、これも相変わらず観た途端にタイトルも内容も忘れてしまうのであるが、いい映画もたくさんある。

最近はSFやホラー映画の中で、新感覚というか、新しいアプローチ、アイデアの映画が増えてきている感じがあり、そういうのに出合うと「やった!」とうれしくなる。ホラー映画の中でも学園ホラーとでもいうジャンルがあり、これはアメリカ映画のお株だったと思うが、近年はヨーロッパ映画にも増えてきて、面白いものが多い。その中で最近印象に残っているのが「モンスター・フィールド」(14年、マーティン・バーネヴィッツ監督)というデンマーク映画である。劇場では公開されないままDVD発売されたもの。明らかに「クローバーフィールド/HAKAISHA」(08年、マット・リーヴス監督)のヒットにあやかった邦題だと思うが(原題は"Danny's Doomsday"で、主人公ダニーの最後の審判の日、といった意味か)、内容は全然違う。

学校では不良グループから虐められ、好きな女の子にも告白できないダニーという気弱な学生が主人公。彼の住むとある田舎町に突如得体の知れないモンスターが襲来してきて、みんな殺されてしまう中、ダニーは生き残って、やはり生き残った弟や好きな女の子と一緒にショッピングモールの中を逃げ惑う。まさにアメリカの学園ホラーによくあるストーリーなのだが、何か新しい感覚で作っている感じがする。具体的にどういう点がそうなのかうまく説明できないのであるが。僕の感性の中での基準としか言いようがないのかも知れない。

たとえば各国の映画祭で話題になった「イット・フォローズ」(14年、デイヴィッド・ロバート・ミッチェル監督)も、得体の知れない謎の存在(イット)に主人公が追われるという映画であったが、これは僕にとって最初から結末の見えた映画で、それほど怖いと感じなかった。一方、「グッドナイト・マミー」(14年、ヴェロニカ・フランツ&ゼヴェリン・フィアラ監督)はちょっと怖くて楽しめた。これもヨーロッパ映画(オーストリア)である。

田舎の一軒家で母親の帰りを待つ双子の兄弟のもとに、理由はわからないが顔の整形手術を受けて、頭部が包帯でぐるぐる巻きになった母親が帰ってくる。手術のせいなのか顔もそうだが性格まで以前の母親とは全く違っていて子どもたちは怯えてしまい、やがてひどいことが起こるというストーリー。何か新しい感じがあり、面白く観ることができた。

という具合に最近はヨーロッパ映画に拾いものが多いのであるが、もちろんアメリカ映画が面白くないというわけではない。先ほどの「クローバーフィールド」のプロデューサーであるJ・J・エイブラムスは、トム・クルーズ主演の「ミッション：インポッシブル」シリーズ第3作「M：i：Ⅲ」(06年)を監督したり、4、5作目では製作に参加。ほか新生「スター・トレック」(09年〜)シリーズの監督や製作を務めたり、「スター・ウォーズ／フォースの覚醒」

（15年）を監督（兼製作）するなど、トップクラスの人気アクション、ＳＦ大作を任される超メジャー級の映画人である。だがメジャー作品でもマイナーなテイストを失わないというか、メジャーとマイナーを使い分け、いつも何か新しいことに挑戦しているという感じがある。やる気がある人なんだなあと感心し、いつも注目している監督である。

「クローバーフィールド」を数年前に観たとき、カメラがぐるぐる回る主観映像で気持ち悪くなるほどだったが、擬似ドキュメンタリーという設定に合っていて良かったし、公開前の宣伝展開も面白かった。最初は何の映画なのか、タイトルや内容を発表しないまま、作品に登場する架空の企業や団体のサイトを立ち上げたり、YouTubeに架空のニュース映像を投稿したりするなど、謎を小出しにしながら、好奇心を煽る巧みな宣伝で、次の展開の予想がつかない。予想がつかない、というのが新感覚で面白いというか、そういうものをいつも望んでいる。

「クローバーフィールド」の続篇で、これもＪ・Ｊがプロデューサーを務めた２０１６年公開の「10クローバーフィールド・レーン」（16年、ダン・トラクテンバーグ監督）も映画館に観に行った。シチュエーション・ホラーとでも言うのか、最初は地下壕のような避難所である一つの家が舞台で、後半から外に出ていって破綻していくのであるが、新しさを感じさせてくれた。

ホラーやサスペンス映画の話題が続いたので、そろそろ別のジャンルについて、と思いつついたのがコメディである。だが最近のコメディ映画には、僕が面白かったと思えるもの、興味をひいた作品がほとんどない。コメディについて書くとなると、ホラー映画とは違って、どうしても古い映画、古い俳優の話になってしまう。

今年（16年）の6月頃にＤＶＤで観直していたのがメル・ブルックスであった。それはなぜかというと、たまたま「いま、メル・ブルックスってどうしてるんだろう」と思ったから（笑）。何か彼の新作を観たいと思って調べたのだが、メル・ブルックスは１９２６年生まれなのでいまや90歳。「モンスター・ホテル２」（15年、ゲンディ・タルタコフスキー監督）などアニメーション作品の声の出演などは最近も行っているようなので、健在ではあるようだが、なかなか新作の監督作や出演作を観ることは難しいようである。同じように、最近どうしてるかなと思ったのがメル・ブルックスとのコンビ作が多かった俳優のジーン・ワイルダー。彼も33年生まれで83歳。もうリタイアしているのか、新作を観る機会がない。僕はこういう人たちに影響を受けて育ってきたので、新作があるたびに追いかけてきたのだが、仕方がないので旧作をＤＶＤで観ている。

というわけで全く新しさのない予告になってしまったが、コメディについては次回から。

（16年9月下旬号）

㊼メル・ブルックスとその仲間たち

前回のこの連載で、次はコメディについてと予告しつつ、メル・ブルックスと並んでジーン・ワイルダー（Gene Wilder）も最近どうしてるのか名前を聞かない、ということを書いたのであるが、そのすぐあと、8月29日に亡くなったというニュースで、ワイルダーの名前を久しぶりに聞くことになってしまった。

１９３３年生まれで、亡くなったときは83歳。死因はアルツハイマー症の合併症とのことだが、フィルムでしか彼らと接しない僕にとっては、ワイルダーもメル・ブルックスも、いまでも彼らが元気だった頃の作品をＤＶＤで観ており、年を取るというイメージがなかったので改めて驚いた。謹んでご冥福をお祈りいたします。

というわけで、メル・ブルックス（Mel Brooks、１９２６年〜）である。

メル・ブルックスはスタンダップ・コメディ出身で、やはりコメディ映画の監督として名を知られるようになるカール・ライナー（この人も好きな監督。ロブ・ライナーの父親である）と60年代にコンビを組んで作った『The 2000 Year Old Man』というコメディアルバムのシリーズや、テレビのコント番組の作家、テレビドラマ『それ行けスマート』（65〜70年全米放映）の原案・脚本などで人気を得るようになったが、僕がその名前を知ったのはこのテレビシリーズが面白かったからである。

彼の初監督（兼脚本）作品「プロデューサーズ」（68年）は、製作当時は公開されなかったので（日本公開は01年）、僕が彼の映画を初めて観たのは、多分「ブレージングサドル」「ヤング・フランケンシュタイン」（ともに74年）あたり。いちばん好きなのが「メル・ブルックス／新サイコ」（77年）である。「ブレージングサドル」は西部劇、「ヤング・フランケンシュタイン」はユニバーサルのフランケンシュタインもの、「新サイコ」はもちろんヒッチコックのそれぞれパロディ。時代は少し下って「スペースボール」（87年）というSF映画のパロディもあった。パロディ映画というのはたいてい元ネタ・元ジャンルよりつまらないのであるが、メル・ブルックスの映画は元ネタを知っていればいるほど楽しめるパロディとして成立しながら、詳しくない人にもコメディ映画として十分面白いものになっている。

その面白さには脚本の巧さや、音楽の魅力、何より芸達者なコメディアンたちの存在がある。メル・ブルックス本人もコメディアン出身であるから、自身の多くの映画で主演・出演しているが、彼も含め、ブルックス作品の常連俳優たちがいて、お互いの作品に関わり合っている。

ジーン・ワイルダーもその一人。「プロデューサーズ」では最低なミュージカル製作を目指すプロデューサーの一人、「ブレージングサドル」では元二丁拳銃の名手というガンマン、「ヤング・フランケンシュタイン」ではタイトルロールのフランケンシュタイン博士、というそれぞれ違う役柄を演じたが、あのモジャモジャ頭とギョロッとした眼は、どの作品でも強い印象を残す。

メル・ブルックス作品はスタッフも常連が多く、特に音楽はジョン・モリス（John Morris、1926年〜）が、ほとんどのブルックス作品でコンビを組んでいる。ジーン・ワイルダーが監督・主演した「ウーマン・イン・レッド」（84年）の音楽も手がけているというつながりだ。

モリスはブルックスの「ブレージングサドル」でアカデミー賞の歌曲賞候補となるが、同じくアカデミー賞の作曲賞にノミネートされた「エレファント・マン」（80年、デイヴィッド・リンチ監督）も、彼の担当作品である。

このように70年代、僕にとってのコメディアンはメル・ブルックスとその仲間たちであったが（ちなみに、80年代はスティーヴ・マーティンである）、では僕が子どもの頃は誰がコメディアンとしてヒーローだったかと言うと、誰よりも僕の憧れだったのはジェリー・ルイス（Jerry Lewis、1926年〜2017年）である。

小学校の頃、近所の目黒の映画館に一人で映画を観に行こうとして、「何を観に行くんだ」と親に聞かれて「ジェリー・ルイス」と答えると、「バカバカしい」という返事が決まって返ってくるくらい、大人たちには人気がなかった。だが、ディーン・マーティンとコンビを組んだ「底抜けコンビ」による「底抜けシリーズ」は日本で一世を風靡した。「底抜けコンビ」というコンビ名を銘打ったのも日本だけのことであるし、後にルイスの単独主演によるコメディが公開されてからも「底抜け」の邦題は続いた。マーティンのツッコミとルイスのボケで物語が進んでいく、まあどれも同じような内容なのであるが。

メル・ブルックス同様、ジェリー・ルイスの作品も、あるときDVDなどで集められるだけ集め、すべて観直したことがある。その結果、シリーズ中でおそらくいちばん有名であろう「底抜け大学教授」（63年、ジェリー・ルイス監督）がやはりいちばん面白かったという確信を改めて得たが、大半の作品はどれがどれだか、観終わるとすぐ忘れてしまった。

ただ、「底抜けシリーズ」は音楽がいいのである。「底抜け便利屋小僧」（61年）という作品は「底抜け大学教授」と同じく、マーティンとのコンビを解散した後のルイス単独主演・監督作品であるが、彼がカウント・ベイシーのオーケストラの曲に合わせてパントマイムの仕草をするシーンがあり、これは僕の大好きなシーンである。「底抜けシンデレラ野郎」（60年、フランク・タシュリン監督）は、タイトル通り男性版シンデレラとでも言うべき映画であるが、舞踏会のシーンでカウント・ベイシーその人が登場し、ピアノも弾いているのが見ものである。

メル・ブルックスにしろジェリー・ルイスにしろ、アメリカのコメディアンは歌も歌うしダンスもすごい。そういうオールマイティな才能の人に憧れる。

（16年10月下旬号）

㊽僕の愛すべきコメディアンたち

アメリカ映画のコメディアンで、僕が子どもの頃のヒーローといえばジェリー・ルイスであったという話の続きであるが、そもそもそれ以前のサイレント映画の時代のコメディアンたち、チャップリン、キートン、ローレル＆ハーディといった人たちの映画は、もっぱらテレビで楽しんで観ていた。もちろんリアルタイムというのではなく、サイレントは僕の子どもの時代、つまり1950年代末頃にはよく放映していたのだ。徳川夢声あたりが昔ながらの弁士のように、アチャラカな音楽をつけて解説をしていたと思う。

僕にとってのコメディの原点はそういうスラップスティックというか、俳優の姿、かたちや動きといった、身体的なものなのである。ジェリー・ルイスもその動きがやはりめまぐるしく、そういうところがお気に入りだったわけである。

そういう流れの中にいる一人として、「スティーブ・マーティンの 四つ数えろ」（82年、日本劇場未公開）や「2つの頭脳を持つ男」（83年）など、カール・ライナー監督作コメディで頭角をあらわしたスティーヴ・マーティン（Steve Martin、1945年〜）も、動きが面白くて好きなコメディアンである。

彼のギャグはすごくわかりやすい。ピーター・セラーズのあとを受けてクルーゾー警部に扮した2006年の「ピンクパンサー」(ショーン・レヴィ監督)など、ギャグ満載である。たとえばフランス人であるクルーゾーがニューヨークに行くことになり、英語を勉強するというくだり。「ハンバーガー」という単語が英語的に発音できなくて、フランス語読みの「アンベルガー」から、だんだん「ハンブルガー」とか「ハンバルガル」とか、意味不明の無茶苦茶な言葉になってしまう。それもしつこくやるのがいい。くどくどとくだらないことをやるというのがいちばん面白いところで、スティーヴ・マーティンにはときどきそういうのがある。そもそも英語がネイティブであるはずの彼がフランス人の設定というのが面白いというか、芸の見せどころなのであるが。そういえば、ダニー・ケイ(Danny Kaye、1913年〜1987年)にも日本人の真似をするネタがあって、面白かった。

こういうくどさは、サイレント時代のスラップスティック・コメディと少し似通ったところがある。たとえば泣く芸というものがあって、有名なのがローレル&ハーディの細長いほうのスタン・ローレル(Stan Laurel、1890年〜1965年)。ちょっとしたことで泣いてしまう、その泣く芸が見ものなのであるが、それを引き継いだというか、同じように泣く芸が見ものであったのが70〜80年代のジーン・ワイルダーである。そういう個性というか、特徴が最近のコメディアンには見つけられなくて、誰がいて何が良いのか、わからなくなってしまった気がする。

そういう仕草や動きで面白がらせるコメディアンとは別に、トークで笑わせる、いわゆるスタンダップ・コメディアンという流れもあると思うが、やはり英語なら英語、その国の言葉がわからないと面白さがきちんと伝わってこない。毒舌トークで笑わせたというレニー・ブルース（Lenny Bruce、1925年〜1966年）は彼をモデルにした「レニー・ブルース」（74年、ボブ・フォッシー監督）という映画があるが、彼の孤独な人生を描いた真面目な作品だったし、ロバート・デ・ニーロが売れないスタンダップ・コメディアンに扮し、ジェリー・ルイスも出演した「キング・オブ・コメディ」（83年、マーティン・スコセッシ監督）も、ブラック・コメディとして観ても全然面白くなかった。

どうもスタンダップ・コメディアンを主人公にしたコメディでうまくいったものをほとんど見かけないのであるが、その中で例外というかそれ以上、コメディというコメディの中でも僕がいちばん好きな映画が、ピーター・チェルソム監督の「ファニー・ボーン　骨まで笑って」（95年）である。詳細についてはこの連載でもすでに熱く触れたことがあるので省くが、この映画の中に登場する実在のコメディアンたちが素晴らしい。

わがジェリー・ルイスも出ているのだが彼はむしろ脇役で、ジョージ・カール（George Carl、1916年〜2000年）やリー・エヴァンス（Lee Evans、1964年〜）といった、映画ではあまり知られていないが、舞台、つまりショウビジネスの中では有名なコメディアンが次々と登場する。ジョージ・カールはピエロの王様とも言うべき伝説的なコメディアンで、日本でも知る人ぞ知る有名人。一方、イギリス出身のリー・エヴァンスはもっと若手で、この映画で初めて知った人も多いだろう。彼がこの映画の中でライブショーをやるシーンがあり、そこで見せた『ラジオ』というネタが実際に彼の持ちネタのようで、それが秀逸なのである。ちょっと自閉症的なコメディアンが、ラジオから流れてくるドラマやニュースの台詞をコツコツとテープで拾ってコラージュする。コラージュしたまま台詞を覚えて、動きをつけて見せる芸で、その動きが素晴らしい。リー・エヴァンスを見ていると、顔とか動きとか、ちょっと柳沢慎吾に似ていて、彼にぜひリー・エヴァンスを見てほしいと密かに思っている。

以前BSでも特集していたことがあるのだが、モントリオールで毎年、世界最大級のコメディ・フェスティバルが開かれている。そこにリー・エヴァンスも出ていたのをテレビ番組で観たことがある。そのときの芸は大したものではなかったが。コメディアンなら必ずそこを目指すというようなフェスティバルで、日本人も何人も出演しているようである。台詞で笑わせるのはあまりなく、動きで笑わせる。このフェスティバルがまだ続いているのなら、機会があれば一度観に行ってみたいと思っている。

エヴァンス自身はその後もテレビシリーズやハリウッド映画にも出ていたが、最近引退してしまったらしく、残念である。

（16年11月下旬号）

㊾僕が好きな日本のコメディの話

僕にとっていい映画というのは、もちろん一本の映画からいろいろな発見ができ、吸収できる映画である。わざわざこちらから調べるというよりも、押し寄せてくる映画がある。これは何だ？　って、どんどん広がっていく。放ってはおけない映画である。この連載で何度も紹介しているピーター・チェルソム監督の「ファニー・ボーン　骨まで笑って」(95年)がその代表である。

一方で、たった一つのシーン、あるいはひと言の台詞が印象に残っているのもいい映画なのである。たとえばスティーヴ・マーティンとイギリスの名優マイケル・ケインが主演した「ペテン師とサギ師／だまされてリビエラ」(88年、フランク・オズ監督)。

マイケル・ケインがベテランの詐欺師で、スティーヴ・マーティン扮する若造のペテン師に、詐欺師とはかくあるべきだという話をする。まず、詐欺師は自尊心があり、そして人は何に騙されるかというと、「形」だと。だから詐欺師であるケインは非常にお洒落で紳士的で、いろいろないいものを収集している。そういう「形」を調えれば、人はすぐ騙される。それが詐欺師であると。そういうものがない、根も葉もない騙しはペテン師であると。

いろいろ学ぶところがある。本当に奥が深い。この台詞だけで印象に残る映画になった。

監督のフランク・オズはほかにもホラー・ミュージカル・コメディの「リトルショップ・オブ・ホラーズ」(86年)など、面白い映画をいろいろ作っている。

この人は俳優としても何本か出ているし、『セサミストリート』(69年〜)などで声優としても活躍している。いちばん有名なのは「スター・ウォーズ」シリーズのヨーダの声だろう。エピソード1〜3(99年、02年、05年)でもヨーダの声を変わらずやっていたようだ。「フォースの覚醒」(15年、J・J・エイブラムス監督)は最近、4Kのテレビを買って、ブルーレイでようやく観たのであるが、こういうものだろうなと思って楽しんで観ることができた。エイブラムス監督はけっこう悩みながら作っている感じもあったが。

そろそろ、ここらあたりで僕が好きな日本のコメディ、コメディアンについて。

まずは映画ではないのだが、子どもの頃に楽しんだ日本のテレビのコメディ番組でいいなあと最初に思ったのは、『光子の窓』(58〜60年放映、日本テレビ系)。当時20代前半の若手人気女優だった草笛光子さんがメインの進行役で、歌あり踊りありの音楽バラエティ番組だった。『光子の窓』に替わって『スタジオNo.1』(61年放映、日本テレビ系)という番組になって、こちらは毎回一人のゲストスターが登場する番組だったように記憶している。どちらの番組とも小井戸秀宅さんという優れた振付師がいて、ご本人も素晴らしいダンスを披露していた。同時にハリウッドっぽい印象というか、アメリカのテレビ番組の影響を強く感じた。

あとになって始まった『巨泉×前武ゲバゲバ90分!』(69〜71年放映、日本テレビ系)も、アメリカの番組『ダニー・ケイ・ショー』(63〜67年全米放映)と同じギャグが使われているなど、ネタ元がわかることもあり、偏屈な楽しみ方をしていたものだが、『光子の窓』『スタジオNo.1』、そのあとに始まった『あなたとよしえ』(61〜62年放映、日本テレビ系)、そして『シャボン玉ホリデー』(61〜71年放映、日本テレビ系)といった一連のバラエティ番組のプロデューサーを務めたのが井原高忠(1929年〜2014年)さんで、この人によって僕は感覚を育てられたと言っても過言ではない。

こういった番組の影響はもちろん、『ダニー・ケイ・ショー』はどうだかわからないが、『ペリー・コモ・ショー』(48〜68年放映)を日本で放送したのも井原さんの考えだという。非常に音楽的な人なのである。本人もミュージシャンだったし、当時集めたスタッフもみなミュージシャン(出身)だったらしい(この当時の話は小林信彦さんのエッセイをぜひご覧ください)。要するにコメディと音楽とは相性がいいということを、日本でも明らかにしてくれた。クレージーキャッツも、ドリフターズもみんなそうである。ドンキーカルテット、いそがしバンド(後のビジーフォー)も忘れられない。

そういえばメル・ブルックスの映画にも必ず歌うシーンがあったり、音楽が重要な要素をしめているが、監督・主演作の「メル・ブルックス/新サイコ」(77年)の冒頭のシーンで、彼が街を歩いていると、恐ろしい音が聴こえてくる。ホラー映画に使われるような「ジャラランー〜」といった感じで、何か起こるのではないかと観客はびっくりするし、メル・ブルックス自身もびっくりしている。そうするとそれは街の音楽隊がトラックの上で演奏しているだけだった、というオチになる。音楽的な笑いというのが多いのである。

日本のコメディの話だった。日本でもシリーズもののコメディ映画はたくさんあって、外せないのは森繁久彌主演の「社長」シリーズ。先日、高橋幸宏ともまたそんな話をした。森繁さんは言うまでもなく歌手としても活躍し、作詞作曲もし、ミュージカルにも出演する、音楽センスのあるコメディアンであり、名優である。「社長」シリーズは30作以上作られているので、どれがどれだかごちゃごちゃになってしまうのだが、中でもハワイを舞台にした「社長外遊記」(63年、松林宗恵監督)が面白かったということで高橋幸宏と僕の意見は一致した。「社長」シリーズは森繁さん以外にも、小林桂樹さん、加東大介さん、三木のり平さんなど、いずれもユニークな俳優たちが出演しているのも魅力であった。中でも途中からレギュラーになったフランキー堺さん、この人がいいのである。

(16年12月下旬号)

㊿芸達者な日本のコメディアン

子どもの頃、僕にとって憧れのコメディアンだったのはアメリカではジェリー・ルイス、そして日本では三木のり平（1924年〜1999年）である。のり平さんは昔、三洋の洗濯機のCMに出ていたのがまず印象に残っている。トランペットが〝ホンワカ、ホンワカ〜、ホワーン〟と鳴るミュートを使った吉本新喜劇のテーマ曲のような音楽で、それに合わせるように、のり平さんがストリップみたいにだんだんスーツを脱いで、最後はパンツ一丁になるCM。これに魅了された。あとからその音楽の演奏が、独特の喋っているようなトランペット奏法で知られるクライド・マッコイだったこともわかった。そのCMを見て三木のり平という存在を知り、彼が東宝の俳優とわかって映画も観に行くようになった。最初に映画館で観たのは「孫悟空」（59年、山本嘉次郎監督）だったろうか。主演の孫悟空をのり平さんが演じたミュージカル仕立てのコメディである。その後、彼がレギュラーで出演していた、森繁久彌主演の「社長」シリーズを観るようになった。

当時の日本映画はだいたいどこの会社も2本立てが普通で、「社長」シリーズも2本立ての一本として公開されている。大概もう一本の時代劇なりSF映画なりを目当てに観に行くのであるが、併映だった「社長」シリーズが面白くなってきて、そのうち「社長」シリーズそのものを目当てに映画館に行くようになった。当時、僕は小学生で、ほかに「社長」シリーズが好きな仲間はいなかったので、一人で地元の目黒スカラ座に観に行っていた。当時のコメディといえば、「駅前」シリーズとか、クレージーキャッツ主演ものなどもあったが、「社長」シリーズがいちばん好きであった。女優さんはみなきれいだし、軽い笑いが都会的というか、ビリー・ワイルダーのようなテイストを目指したのではないかと、いまにして思う。

そんなシリーズの中でのり平さんは、役名は毎回違うが役柄はだいたいいつも出張と宴会好きの営業部長を演じていて、「パァーと行きましょう！」という台詞が定番。これがおかしくも悲哀なのである。このシリーズには主演の森繁久彌さんやのり平さんだけでなく、ほかにもレギュラー陣では小林桂樹さん、フランキー堺さん、加東大介さん、小沢昭一さんらがいた。みなそれぞれ芸達者で味があり、硬軟をこなすコメディアンであり名優であった（ちなみにこのシリーズには出ていないが、同時期にテレビで見て面白いと思っていたのは渥美清さんである）。

テレビ放送が始まった時期でもあり、コメディも多かった。そんな中でも気になる人がいろいろ出ており、中でも柳澤愼一（当時は真一、１９３２年〜）という人をよく覚えている。柳家金語楼さんが女装して人気を博した『おトラさん』（56〜59年放映、テレビ朝日系）では物売りの役でよく登場していて、「腐ったゆで卵はいかがですか」というのが面白かった。この人も本業はジャズ歌手である。というのはあとから知った。

歌手やミュージシャン出身でコメディアンや俳優として活躍する人はけっこう多い。たとえば世志凡太《せしぼんた》(1934年～)さん。彼はバンドマン出身で、ウッドベースを弾きながらギャグを言うので有名であった。いまの芸人で言えば「はなわ」だろうか。「社長」シリーズや「駅前」シリーズに出ていた山茶花究《さざんかきゅう》(1914年～1971年)さんは強面の俳優だったが、もともとは歌手出身で、一時期は〝あきれたぼういず〟にも参加してコメディ・ソングを歌っていた。その後、黒澤明監督の「悪い奴ほどよく眠る」(60年)や「用心棒」(61年)などに出演してシリアスな俳優になったが、「用心棒」で演じた丑寅の親分は良かった。

「用心棒」にはほかにもジェリー藤尾(1940年～)さんが出ていたのを思い出した。彼もミュージシャン出身。黒澤作品では「生きる」(52年)の中にキャバレーのシーンがあり、そこでピアノでブギウギを弾いていたのが市村俊幸(1920年～1983年)さんである。「ブーちゃん」の愛称で親しまれた愛嬌のある俳優であるが、彼もまたプロのピアニストとして活躍した後、俳優となっている。

こうしてみると、柳澤愼一や市村俊幸の名前は普通だが、「セ・シ・ボン(C'est si bon)」で世志凡太、「さざんがきゅう(3×3＝9)」で山茶花究など、ミュージシャン出身の役者は名前自体がみなふざけているというか、面白かった。谷啓もダニー・ケイの名前をもじって作った芸名。そういうのに憧れた(ちなみに脱線トリオの八波むと志は〝はっぱ・むとし〟と読み、8×8＝64だった)。

フランキー堺という名前もいい。もともとスパイク・ジョーンズ風のノベルティ的なジャズバンドを率いていたドラマーだったが、後には名優になった。日系2世のような名前だが、得体の知れない国籍不明感がジャズマンらしかった。僕も昔そうしようと思い立って、いまでもときどき〝ハリー細野〟という名前を使っている。そしてライブなどで舞台に出る際には、その出方や引っ込み方などが大事だなと思っているのは、元来芸人気質なのかも知れない。

本当はもっと身体を動かし、ジョージ・カールのような芸もやりたいところである。彼の芸で、歩いていくにつれ、だんだん身体が小さくなる芸があって、それを真似したこともある。燕尾服を着ないといけないのだが、燕尾服の中でだんだん縮んでいったまま舞台袖に引っ込む芸。一度実際にやってみたのだがあまりうまくいかず、受けなかった。ほかに、ピアノを弾くときの左右の腕の長さが違う芸もあって、このオリジナルはあまり知られていないのだが、マックス・ウォール（Max Wall、1902年〜1990年）という不気味なコメディアンのものだ。これはすごい。本人の素は二枚目で、若い頃は二の線で映画出演もしていたようだが、突然怪物的コメディアンになった異形の俳優である。最後にはピアノの回りで踊るのであるが、これがまた恐ろしい。恐ろしいところまでは出せないだろうけど、そういう芸をやってみたい。

最後は映画から離れてしまったが、東西問わず、やはり音楽センスのあるコメディアンが好きなのである。

（17年1月下旬号）

㊿① B級映画を観すぎた呪い!?

評判の「ラ・ラ・ランド」(16年、デイミアン・チャゼル監督)はまだ観ていないのだが、往年のハリウッド・ミュージカルにオマージュを捧げた作品だと聞く。もっとも先に試写で観た友人によると、むしろ「ロシュフォールの恋人たち」(67年)など、ジャック・ドゥミ監督の世界に近いらしい。往年のハリウッド映画関連で言えば、1年以上前から気になっていた「ヘイル、シーザー!」(16年、ジョエル&イーサン・コーエン監督)を、最近DVDになってからようやく観ることができた。まさに1950年代のハリウッドを舞台にした作品で、実在の映画監督や俳優などを彷彿とさせる登場人物とそのエピソードが次々に登場し、そのディテールがいろいろ面白かった。

たとえばスカーレット・ヨハンソンが演じる女優は劇中ではディアナ・モランという名前だけれど、明らかに水着の女王=エスター・ウィリアムズがモデルになっている。そして水中レビューの天井から俯瞰する、あのバズビー・バークレイが考案した有名なシーンを再現してくれる。そんな、どこかで観た往年のハリウッド映画のパロディが満載で面白い。映画の中のディアナ・モランという女優は非常にがさつで横柄だったので、実際のエスター・ウィリアムズはどうだったのか調べていくと、紆余曲折の結婚生活を送ったりしていたようだが、がさつだという評価はないなあなどと比較したり、興味は尽きなかった。ダニー・ケイの名前がちょっとだけ会話に出てきて、それだけでも興味深い。

音楽の担当はコーエン兄弟作品常連のカーター・バーウェル（Carter Burwell、１９５５年〜）だが、50年代のハリウッド映画のそれぞれのジャンルにマッチしたスコアをうまく再現していて楽しめる。

ジョージ・クルーニー演じる人気映画スターが、主人公のシーザー役を演じる大作ローマ史劇「ヘイル、シーザー！」の撮影中に何者かに誘拐されてしまう。赤狩りさかんなハリウッドの現状に不満を抱く脚本家グループも登場して、その中にダルトン・トランボらしき人物もいる。トランボを主人公にした映画も「トランボ　ハリウッドに最も嫌われた男」（15年、ジェイ・ローチ監督）というのがあって、こちらのほうがずいぶん話題になったけれど、まだ観ていない。一方「ヘイル、シーザー！」は「トランボ」ほどの話題にはならなかった。

どうも自分の中の好みと世間の評判とはずれているのではないかとつくづく思う。相変わらずB級の中に何か掘り出し物はないかと、レンタル店の棚の下のほうを探しているのである。そういう中に珍しいイスラエル映画の、しかも軍隊もののホラーがあった。「ブラックコマンド」（15年、ボアズ・アルモニ監督）という邦題で劇場未公開。何とかコマンド、コマンド何とかかといったタイトルの映画があるからそれに乗じた邦題だろうけれど、何ともそそられないネーミングだなと思いながら、題材が珍しいので借りてみた。果たして掘り出し物とさえ言えるかどうか怪しい、得体の知れない映画であったが。英語タイトルは「フリーク・アウト（Freak Out）」。幻覚状態になるとか、気がおかしくなるとかいった意味だと思うが、こちらのタイトルのほうが全然いいのに。

それにしてもこういう映画ばかり借りて観ているので、レンタル店の会員として情報が残っているだろうけれど、変な映画ばかり観る、Cクラスの客だと思われているはずだ。

ほかに最近はいったいどんな映画を観ただろうかと思い出そうとするが、観たはしから忘れてしまいがちで、あまり覚えていない。特に去年はトランプが登場して、この世界はB級映画みたいだと思い、全部記憶もかき消えてしまった。これもB級映画を観すぎている呪いかなと思っている。

そんな中でこれは大作だったというのが「ジャングル・ブック」（16年、ジョン・ファヴロー監督）で、何かのはずみからレンタル店で借りて観た。これも日本ではほかのディズニー作品と比べれば話題にならなかった印象があるが、なかなかよくできた映画であった。人間の少年以外、動物たちも舞台もすべてCGで作ったということだけど、全然違和感はなく、動物たちが普通に人間の言葉を発するのもすんなり受け入れられる。

これが面白かったので１９６７年に製作されたディズニーのアニメーション版「ジャングル・ブック」（ウォルフガング・ライザーマン監督）もDVDを取り寄せた。ウォルト・ディズニーの遺作である。アニメ版も２０１６年のCG実写版も《トラスト・イン・ミー（Trust in Me)》といったテーマ曲はいくつか同じものを使っている。楽曲制作はロバートとリチャードのシャーマン兄弟。ディズニー・アニメの常連である。

CG実写版の声優はビル・マーレイやベン・キングズレー、「ヘイル、シーザー!」にも出ていたスカーレット・ヨハンソン、さらには監督のサム・ライミなど多彩な顔ぶれであったが、アニメ版も名だたるアーティストが名を連ねていた。特に僕がお気に入りなのはCG実写版でビル・マーレイが担当した熊のバルー。アニメ版で声を担当したフィル・ハリス(Phil Harris、1904年〜1995年)はコメディアンにしてシンガー、声優も務める人物であるが、彼が歌っている曲、たとえば《Ain't Nobody Here but Us Chickens》といったブギウギは最近僕も気に入ってカバーしている曲である。

CG実写版の声優では、大きな猿の大王みたいなキング・ルーイを担当したクリストファー・ウォーケン。彼がシャーマン兄弟作曲による《君のようになりたい(I Wanna Be Like You)》を歌うシーンは見どころの一つで、もともと舞台のミュージカル出身らしく、本当に歌も踊りも(「ジャングル・ブック」では踊りは披露しないが)味があって良い。クリント・イーストウッド監督の「ジャージー・ボーイズ」(14年)でも踊っていたし、「ヘアスプレー」(88年、アダム・シャンクマン監督)でも主人公のヒロインの父親役で歌っていた。いちばん気になる俳優である。

(17年3月下旬号)

㊾思いを馳せるのも追いつかない

１９６７年版のアニメーション映画「ジャングル・ブック」を観て調べていると、はっぴいえんど時代からの知人でもあるヴァン・ダイク・パークス（Van Dyke Parks、１９４３年〜）がノンクレジットで音楽のアレンジャーとして参加していることがわかった。これは最近の発見である。彼はこの連載でも何度か触れたことがあるが、子役としてグレイス・ケリー主演「白鳥」（56年）などに出演していた、ハリウッドの申し子のような人である。その後成人してミュージシャン、音楽家として名をなし、映画音楽にも携わっていくのであるが、あまりヒット映画とは縁がないような気がする。彼が音楽家として関わった映画で最初に観たのは、確かロビン・ウィリアムズ主演「ポパイ」（80年、ロバート・アルトマン監督）で、彼は歌曲の指揮やアレンジャーとして参加していた（作詞・作曲はハリー・ニルソン）。映画も音楽もなんかまあまあという印象であったが。ただアルトマン監督とはうまくいったのか、その後、彼の「バレエ・カンパニー」（03年）の音楽も担当している。

ヴァン・ダイク・パークスは僕のスタジオに遊びに来てくれたこともある。僕のソロ・アルバムに参加してもらったこともあった。そのとき印象に残っているのは、彼がピアノでこんな曲があるんだけど知っているかと聴かせてくれたのが、１９３０年代に流行ったというウィラード・ロビソン（Willard Robison、1894年～1968年）の曲。まさにヴァン・ダイク・パークスのオリジナルの曲と歌にしか聴こえないくらい彼の世界そのもので、これがオリジナルでないとしたら30年代からそんなシンガー・ソングライターがいたのかと、新鮮な驚きであった。

このようにアメリカの音楽の歴史の中にはまだまだ僕の知らない埋もれたものがたくさんあり、それを発見するのが楽しみである。新しい「ジャングル・ブック」などディズニー映画然り、ヴァン・ダイク・パークス然り、オリジナルを尊重しいまに継承しようとする態度に好感を抱く。

そういえば音楽ではなく、人についてのオマージュというか、岩波ホールに「皆さま、ごきげんよう」（15年、オタール・イオセリアーニ監督）を観に行った。どういう興味かというと、ピエール・エテックス（Pierre Étaix、1928年～2016年）という、俳優や映画監督、何より道化師として知られ、ジャック・タチの映画のポスターを描いたり、「ぼくの伯父さん」（58年）ではスタッフや俳優としても参加している人が出演していると聞いたからである。どこにどう出ているのかよくわからなかったが、映画自体はちょっとシュールで、風が吹いたらあちこちの人の帽子が同時に飛んだりと、ちょっとタチの映画のようなシーンもあって、それが妙に印象に残っている。

ピエール・エテックスは2016年10月に亡くなっている。この映画が遺作になったようだ(というのはあとから知ったことであるが)。16年の暮れは12月27日にキャリー・フィッシャーが亡くなったニュースを聞き、ラジオのレギュラー番組『Daisy Holiday!(デイジー・ホリデー!)』の収録で、彼女への追悼を込めて母親のデビー・レイノルズや父親のエディ・フィッシャー(Eddie Fisher、1928年~2010年)がそれぞれ歌うヒット曲などをかけた。放送は年明けで年末に収録だったのであるが、収録後にデビー・レイノルズ自身が翌28日に亡くなったことを聞き、驚きかつ、そんなことはひと言もコメントしていない収録だったので焦った。

デビー・レイノルズ(Debbie Reynolds、1932年~2016年)は「雨に唄えば」(52年、ジーン・ケリー&スタンリー・ドーネン監督)などで女優として知られるが、アイドル歌手としても活躍していた。「雨に唄えば」の中でも《あなたの夢ばかり(All I Do Is Dream of You)》、《グッド・モーニング(Good Morning)》などのナンバーで歌声を披露しているし、主演映画「タミーと独身者」(57年、ジョセフ・ペヴニー監督。日本未公開)の主題歌を歌った《タミー(Tammy)》はビルボードで何週にもわたってヒットし、日本でもよく知られている曲である。

そのデビー・レイノルズに負けず劣らず、夫となったエディ・フィッシャーも人気があった。50年代のポップス界を代表する歌手である。《オー・マイ・パパ(Oh! My Pa-Pa)》、《Many Times》、《Cindy, Oh Cindy》など多くのヒット曲があり、個人的にも好きな歌手の一人である。写真や映像で見る限り、ポップス界でいちばん二枚目なんじゃないかと思う。そのせいか数々の女性と浮名を流し、デビー・レイノルズとの結婚後もエリザベス・テイラーと不倫関係となったり、やはりアイドル歌手のコニー・スティーヴンスとも結婚したり、さらに2人ほどと結婚・離婚を繰り返すという具合で、歌以上に私生活のほうで話題の人であった。キャリー・フィッシャーは酒や薬に溺れていた時期もあったが、母親と父親があまりにもすごい人だったというプレッシャーがあったのかも知れない。

デビー・レイノルズと同じ日に、ピエール・バルー（Pierre Barouh、1934年〜2016年）も亡くなった。俳優としても出演した「男と女」（66年、クロード・ルルーシュ監督）で、あの〝ダバダバダ……〟とスキャットするフランシス・レイ作曲の主題歌で一世を風靡し、その後も俳優、音楽家、映画監督として活躍。彼の『ル・ポレン（花粉）』（83年）というアルバムには日本人ミュージシャンが多く関わっているが、僕もYMOとして少し参加している。

最近は直接間接に知っている人、若い頃に影響を受けた人が亡くなるニュースを次々に聞くので、ゆっくり思いを馳せるのも追いつかないほどである。やはり16年11月、ジャズ歌手にして女優でもあったケイ・スター（Kay Star、1922年〜2016年）が亡くなったことを聞いた。50〜60年代に活躍していた人で、中学生の頃よく聴いていたのだが、享年94。まだ存命だったのかと驚きのほうが強かったが、他人事じゃないなという実感がますます強まっている。

（17年4月下旬号）

㊿53音楽のない映画、音楽センスのある監督

最近はあまり音楽で印象に残る映画に出合っていない。確かに現在のハリウッド大作を手がけるような映画音楽作曲家は才能豊かと言おうか、ちゃんとしたオーケストレーションだなと感心するものは多いが、それ以上の感想が出ない。むしろどこかエスニックな雰囲気というか、民族性が出ているニーノ・ロータやモーリス・ジャールといった映画音楽の作曲家が好きな僕としては、映画音楽の世界も変わってきたんじゃないかという感じもしている。

一方で監督も役者も知らない、あまり聞いたこともないような国で作られた映画を観る機会も増えてきて、面白いものもけっこうあるのだが、こちらもあまり音楽で記憶に残るものは多くない。それは決してこの映画の音楽は駄目だったとか、音楽が物足りなかったということではない。

最近、アイスランド映画（デンマークとの合作）「ひつじ村の兄弟」（15年、グリームル・ハゥコーナルソン監督）を観た。ものすごくたくさんの羊が出てくる。モノクロ映画ではないが、カラーだった印象がないくらいものすごく暗い映画で、それがかえって記憶に残っている。観終わったあとしばらく羊が気になって仕方がなかった。そういう映画を観ているときはいちいち音楽を気にしていないので、音楽をあまり思い出せない。

同じように最近好きだったのは「草原の実験」（14年、アレクサンドル・コット監督）というカザフスタンを舞台にしたロシア映画。ある意味シュールなSFで、怖い映画であった。主人公の少女をはじめ、登場人物のセリフが一切ないのだが、彼らの多彩な表情や行動、風景や光と影の変化に驚かされる。この映画も音全体が素晴らしく、映画音楽はこれという印象ではなかった。

音楽が素晴らしい映画もたくさんあるが、音楽がない映画も好きである。数年前に観て感心したハンガリー映画「ニーチェの馬」（11年、タル・ベーラ監督）はもっと極端に、いわゆる映画音楽は一切入っていない映画であったが、風の音や馬のいななきなど自然に聴こえてくる音が素晴らしかった。以前、僕は吉田喜重監督「人間の約束」（86年）の映画音楽を担当したことがあり、監督との最初の打ち合わせで、「この映画に音楽は要らないんじゃないですか」と余計なことを言ってしまい、後悔しているのだが、そういう映画があってもいいとは思っている。少なくともこれが映画音楽だ、と主張しないもののほうが映画にとって良い音楽なのかもしれない。

いずれにしろ映画の中でどういう音楽をどう使うのかは監督が決めることである。信頼する作曲家にすべてを委ねるとしても、それを判断するのは監督であるから。もちろんハリウッドの大作映画はそういうシステムではないのだろうが、やはり監督に音楽のセンスがあるかどうかで、その映画の音楽が素晴らしいかどうかが分かれてくるような気がする。

音楽のセンスがある監督といえばクリント・イーストウッドがそうだし、古くはチャールズ・チャップリンもそう。2人とも自作曲を自分の映画に使ってもいる。イーストウッドは息子カイルもミュージシャンにして作曲家で、何回も来日してブルーノートなどでライブを行っている。

ほかにも、僕の趣味にすごく合う監督といえば、ウディ・アレン（Woody Allen、1935年〜）がいる。自分で作曲する話は聞かないが、クラリネット奏者として自らのバンドで演奏している。彼の映画には1920〜30年代の既成の音楽がよく使われているが、有名なスタンダード・ナンバーから知る人ぞ知る曲まで、その選曲のセンスがすごく好きである。

主人公が現代と20年代のパリを行き来する「ミッドナイト・イン・パリ」（11年）では、実際に活躍した作家のフィッツジェラルドや画家のピカソ、作曲家のコール・ポーターや、アメリカ出身の黒人歌手で「黒いヴィーナス」と讃えられたジョゼフィン・ベイカー（Josephine Baker、1906年〜1975年）らが登場し（そっくりな役者が演じている）、これも当時実在したクラブ「フォリー・ベルジェール」に集っている（映画の中で「フォリー・ベルジェール」としていたかどうか、覚えていないが）。

ジョゼフィン・ベイカーについてはもちろんそれ以前から知っていたし、映画でも、これも僕の好きなアニメーション映画「ベルヴィル・ランデブー」（02年、シルヴァン・ショメ監督）でも彼女をモデルにしたらしきダンサーが登場したのが印象的であったが、「ミッドナイト・

イン・パリ」は改めて彼女の歌を聴き直すきっかけとなった。ラテン系の歌《La Conga Blicoti》など、取り上げている曲がまたいいのである。この映画にはほかにもこれもパリで活躍した、ニューオーリンズ出身のサックスとクラリネットの奏者として有名なシドニー・ベシェ（Sidney Bechet、１８９７年～１９５９年）が演奏する《Si tu vois ma mère》が流れていて、これも素晴らしい。

そしてウディ・アレンの映画の中では、「ラジオ・デイズ」（87年）が僕にとっていちばん大事な映画である。ウディを思わせる主人公の少年のお姉さんが、ラジオから流れるカルメン・ミランダ（Carmen Miranda、１９０９年～１９５５年）の歌《サウス・アメリカン・ウェイ（South American Way）》を聴きながらあてぶりで踊りだし、それを見ていたお父さんとお兄さんがバックコーラスに合わせて途中から自分たちも踊りだすシーンが忘れられない。ラジオから流れるニュースやヒット曲を背景に、少年の成長と一家の物語をエピソードの積み重ねで時代の変遷とともに描いていく映画である。そういう日記風の映画のスタイルが好きだし、何より彼とは年齢は10歳以上違うが、ラジオで育ったという点で、そして「ミッドナイト・イン・パリ」や「ラジオ・デイズ」、それに「カイロの紫のバラ」（85年）など20～30年代への憧れがあるという点で、国は違えど共感を覚える。

最新作の「カフェ・ソサエティ」（16年）は残念ながらまだ観ていないが、30年代のハリウッドとＮＹが舞台なので、大いに期待している。

（17年5月下旬号）

「ラジオ・デイズ」

㊹30〜40年代に魅せられて

ウディ・アレンの最新作「カフェ・ソサエティ」(16年)を、公開が始まって間もなくの映画館で観た。1930年代のハリウッドとニューヨークを舞台にした、相変わらずといえば相変わらずのウディ・アレン映画なのであるが、最近、僕の個人的興味はますますウディ・アレンの興味に近づいているというか、30〜40年代頃の音楽や文化にあるので、大いに楽しめた。

ベニー・グッドマン楽団の《時さえ忘れて(I Didn't Know What Time It Was)》や、カウント・ベイシー・オーケストラの《タクシー・ウォー・ダンス(Taxi War Dance)》など、当時の音源が流れるところは相変わらずとても心地よい。話がナイトクラブなので、劇中ではいまの人が歌ったり演奏したりしている。たとえば主人公ボビー(ジェシー・アイゼンバーグ)が支配人を務めるナイトクラブ「レ・トロピック」の歌姫に扮して、キャット・エドモンソンという、いまアメリカで人気のある歌手が《マウンテン・グリーナリー(Mountain Greenery)》など、当時の流行歌を歌う。ここで僕はいつも、昔といまの「音響」の違いに気持ちが向いてしまう。何かが違うのは録音方式が「進化」しているからか。

1990年頃までは、フィルムに焼き付ける「光学録音」が主流だったが、いまではデジタル録音、再生が主流となった。そこで何かが失われているのではないか、と考えてしまう。光学録音から作られた「サウンドトラック」盤のレコードは音が非常に良かった。いまでも聴ける、ルイ・アームストロング、ビング・クロスビー、そしてフランク・シナトラなどが出ている映画「上流社会」(High Society／56年、チャールズ・ウォルターズ監督)は素晴らしい音だ。サウンドトラックとはそもそもこの光学録音のことだったのである。

最近、ジャズ系の女性歌手が増えているような気がする。みんな歌がうまいが、個性的な歌手は少ない。たまに個性的だと思うとアメリカ人ではなく、フランス人の歌手だったりする。そもそもジャズの本場はアメリカなのに、興味深い現象だ。そういえばアメリカ人がいま作っているものを観ても聴いてもそんな疑問を感じることが多くなっている。ミュージカル映画もそう。評判の「ラ・ラ・ランド」(16年、デイミアン・チャゼル監督)も遅ればせながら映画館で観たが、疑問との葛藤で落ち着かなかった。

いまやミュージカルといえばイギリスなのではないかと思う。2017年4月に東急シアターオーブで2度目の来日公演をしていた舞台『SINGIN' IN THE RAIN 雨に唄えば』は、言うまでもなくミュージカル映画「雨に唄えば」(52年、ジーン・ケリー、スタンリー・ドーネン監督)の舞台版である。ロンドン出身の世界的な元バレエダンサー、アダム・クーパーが主演し、ブロードウェイではなくロンドンのウエストエンドで制作された。オリジナルの映画を丁寧に舞台として再現しているのは、イギリス人があの時代のハリウッドのミュージカル映画をすごく敬愛しているからだろう。あらゆる異種文化は、「異邦人の目」によって受け継がれていくことが多々ある。かくいう自分も往年のアメリカ音楽を受け継ぐ一人なのだ。

ところで新作映画は観る前がいちばん楽しい。そういう意味で予告篇は一つの作品として楽しんでいる。いま公開されている「メッセージ」(16年、ドゥニ・ヴィルヌーヴ監督)や「マンチェスター・バイ・ザ・シー」(16年、ケネス・ローガン監督)も楽しみだし、「エイリアン：コヴェナント」(17年、リドリー・スコット監督)もやはり観に行くであろう。新しいものには全く興味がわかない、というわけではないのだ。しかし最近はもっぱら、「カフェ・ソサエティ」に描かれた時代、30~40年代に閉じこもっている感じがある。

音楽を聴いても全部スウィングである。そのスウィングも、やはり40年代が楽しい。ブギウギやマンボが入ってきたりして、すごく自由である。自分がライブを行うときのレパートリーにも、この時代のスウィングがずいぶん増えてきた。これが60年代に入ると、音楽も深刻になってくる。ビッグバンドも妙にアヴァンギャルドになってきて、楽しくない。

おそらく映画も同じようなものなのだろうが、音楽には、そういう10年ごとの区切りというのがあった。40年、50年、60年、それぞれ年代のカラーがはっきりしている。もちろん70年代、80年代にも別のものが出てきた。たいてい10年の区切りとなる最後の年に、たとえば1979年、1989年、1999年……に、何か次の10年の兆しのようなものが見えてくる。僕自身、そういう流れの中でいつも音楽をやってきた。80年代にはイギリスやドイツから

〈ニューウェーブ〉が起こった。それに強く刺激され、ＹＭＯもそこに参加するつもりでやっていたのである。

１９９９年はノストラダムスの大予言の年で、２０００年の頃にはミレニアム騒動があり、いったい何が起こるのだろうと期待していたら、特に何も起こらず、何て退屈なミレニアムなんだろうとしばらく思っていた。

ところが2~3年経った頃、アイスランドなど北欧あたりから自由な音楽が出てきた。いままでと違うそれらの音楽は総称して〈エレクトロニカ〉と言われ、僕は僕で〈音響派〉と言っていたけれど、ヨーロッパから南米あたりまで世界中に広がっていった。なぜ00年代にアイスランドが脚光を浴びるようになったのか。どうやら、バブルが彼らのもとに到来したかららしい。それがあるとき破綻して、音楽のムーブメントもいつの間にか消えてしまった。新しい音楽は経済とリンクしていて、泡の中から悪いものもいいものも出ていたのである。

いまはどうかといえば、新しい大きな流れが出てこなくなってしまった感じがある。代わりに一人ひとり違うものをやっている。そういう中で僕自身は、スウィングとか40年代にずっとはまりっぱなしなのであり、その時代の、たとえばイタリア映画などをいままた観直したりしている。


（17年6月下旬号）

㊺始まりは『Hooray for Hollywood』から

今日、当たり前のように昔の映画をＤＶＤやインターネットなどで観ることができるけれど、１９８０年代にビデオが登場するまでは、映画は映画館あるいはテレビで観るもので、自分の手元に置くなど想像もつかなかった。だから好きな映画は公開中に何度も映画館に通って観たものだ。黒澤明監督の「用心棒」(61年)も公開当時6回くらい劇場に通っている。

テレビで気になる映画が放送されるときは、どんな用事があろうと時間までに必ず家に帰る。録画はできなかったが録音はできたので、時にはカセットデッキをテレビの前に置いて映画の音だけ録音した。僕が子どもの頃、60年代だったか、テレビの深夜枠でフレッド・アステアのミュージカルとか、ジェリー・ルイスのコメディなどを毎週のように放送しているときがあった。もちろん全部日本語の吹き替えで、歌うシーンも吹き替えである。歌手ではない声優の方が歌うので、あまりうまくはないのであるが、それでもそれをカセットに録ってあとから繰り返し聴いたものである。

そしてレコード。サントラである。観た記憶をずっと自分のものとして残す、あるいはまだ観ぬ映画に思いを馳せるものとして、サントラは映画の代わりでもあった。サントラというのは音がいいのである。フィルムのトラックから起こしているのでノイズがなく、中域の響きが豊かで特別な音であった。

その後70年代、僕が23〜24歳の頃、『Hooray for Hollywood』という輸入盤のＬＰアルバムを見つけた。アルバムタイトルの《Hooray for Hollywood》という曲は１９３７年の映画「聖林《ハリウッド》ホテル」（Hollywood Hotel／バスビー・バークレイ監督）のテーマ曲で、皮肉を込めたハリウッド賛歌の作詞はジョニー・マーサーである。ちなみにHoorayの原語のhurrahは日本でも運動会などで「フレー、フレー」という声援で知られている。さて、くだんのアルバムにはなぜかこの歌は入っていないのだが、代わりに20年代から50年代くらいまでのハリウッド・ミュージカル映画の中から、映画スターたちが歌う曲を集めたコンピレーション・アルバムになっている。僕はこのレコードを何度も聴き返したものだ。

そのアルバムの中でも特に好きだったのが、《I Used to Be Color Blind》という、フレッド・アステアがジンジャー・ロジャースとのコンビ作「気儘時代」（38年、マーク・サンドリッチ監督）で歌っていた曲である（作詞・作曲はアーヴィング・バーリン）。歌詞を直訳すると「私はかつて色盲だった」という、いまはなかなかかけにくい曲かも知れないが、20代の頃、この曲を何とか自分でも歌いたいと、編曲を工夫してカバーしたりもしていた。この歌をコシミハルが今度のライブでカバーすると聞いて、当時の気持ちが蘇り、僕もまた機会があればライブで演奏しようと思ったのである。

その後、ビデオ全盛の時代になって今日に至るまで、レコードでしか聴くことができなかった映画を実際に目にし、手元に置くことができるようになったのではあるが、僕が小さい時分や生まれてもいない頃の古いハリウッド映画の曲を聴くのはいまでも続いているし、その中で好きな曲を何とか自分でも歌えるようにし、実際にライブで歌っている。そんな曲がもうずいぶん増えているということを考えると、この『Hooray for Hollywood』というアルバムから、いまの僕は始まっているかも知れないとさえ思う。

いまでも聴く昔の曲で、僕が唯一再現できていないジャンルがビッグバンドの曲かも知れない。もし自分のビッグバンドがあったらのめり込んだに違いないと思う。そういえばスーパー・エキセントリック・シアターの三宅裕司さんなど、ビッグバンド好きが高じて自らのバンドを組んでブルーノートでライブをやったりしているが、本当にうらやましい。

ビッグバンドが好きになったのは、そもそも「グレン・ミラー物語」(54年、アンソニー・マン監督)や「ベニイ・グッドマン物語」(56年、ヴァレンタイン・デイヴィス監督)といった、ビッグバンドを率いたミュージシャンの伝記映画を小さい頃に観に行って影響を受けたというのが大きいと思う。

これらの映画についてはこの連載で以前にも取り上げたので繰り返しになるが、とりわけ封切りのときに母親と観に行った記憶がずっと残っている「グレン・ミラー物語」は、印象に残るシーンばかりで、もちろん演奏シーンがどれも素晴らしいのであるが、たとえば舞台となるサンフランシスコのケーブルカーが走る坂道にある質屋に、お金に困ったグレン・ミラー（ジェームズ・スチュアート）がトロンボーンを預けるくだり。ケーブルカーのウィンドウ越しに質屋に預けたトロンボーンが写る。何のことはないシーンであるが、背景の景色やお洒落なスーツが目に焼きついて離れない。

当時のバンドはバス移動をして全国を巡業するということもこの映画で知り、そういう生活に憧れた。あるいはバスの中で演奏が始まったり、雪なのか土砂降りなのか、バスから出てきたバンドマンたちがびしょ濡れになり、その姿のままステージに立っていくシーン。そういうバンドマンの生活のイメージをこれらの映画で得て、ビッグバンドに憧れていったのである。

しかしビッグバンドは人材や維持費の面で大きな壁があり、世界的に見ても存続している例は稀である。どうしたらいいのか模索中なのだが、とりあえずコンボ・スタイルで演奏してみるのもいい。たとえば僕が毎週やっているInterFMのラジオ番組『Daisy Holiday!（デイジー・ホリデー!）』のテーマとしてかけているアーティ・ショウ楽団の《バック・ベイ・シャッフル（Back Bay Shuffle）》という好きな曲。いま一緒にやっているバンドはスウィングもいけるので、彼らと一緒にやれないかと思っているところである。

（17年7月下旬号）

㊻印象的な映画のシーン20選（その1）

この連載が始まったのが2012年なので、もう6年目に入っているのであるが、そろそろ単行本としてまとめようという話になった。新アルバムのリリースのタイミングに合わせて発売されると思うが、単行本の特別企画として中沢新一さんと映画について対談した。ラジオのゲストで来てもらったり、公開のトークイベントがあったりと、最近、中沢さんとはよく対談する機会があるのだが、映画をテーマに話をするのは珍しい。実は中沢さんは知る人ぞ知る大の映画好きである。ほぼ同じ世代なので観てきた映画も重なるところが多く、好みの対象は微妙に違うところもあるが、それも含めて何度会っても話は尽きない。今回の対談でもいろいろ興味深いお話を聞くことができた。

もう一つ単行本オリジナルの企画として、堀道広さんというイラストレーターの方に描き下ろしのイラストを描いてもらっている。堀さんはそれまで面識はなかったのだが、何かの雑誌に載っていたのを見せてもらって気に入り、今回の単行本のイラストをお願いしたら、心よく引き受けていただいた。堀さんには初夏からの僕のコンサートのツアーグッズ（Tシャツやタオル、キーホルダーなど）のイラストも手がけてもらった。単行本のほうは、僕にとって印象的なシーンがある映画を20本選び、堀さんにもＤＶＤなどでそのシーンを実際に観てもらってイラストにする、という作業をいましてもらっている。どんなイラストになるのか、実際の映画のシーンとはまた全く違う、堀さん流の解釈になっているだろうし、それが楽しみである。

そしてこの20本を選ぶために、僕も改めてDVDを観直してセレクションを考え、それぞれのシーンは映画が始まって何分くらいに出てくるかを調べ、そして何が自分にとって印象的だったのかを堀さんに読んでもらうためにメモしていった。その作業にはけっこう時間がかかったが、実に楽しいものであった。

具体的に僕が選んだ「印象的な映画のシーン20」が何なのかは、この本で確認してもらうとして、まあたいていはこれまでの連載でことあるたびに触れてきた映画なので、読者の方は想像つくものばかりだろう。共通するのは、話と話の間に突然不意をつく〈動き〉が立ち現れたり、あるいは非現実的な異界を垣間見せてくれたりするシーンということである。それは自然だったり音楽だったり、時には普通の出来事だったりするが、いずれもこれこそ映画ならではの、〈movie〉(＝動くもの)たる醍醐味だと思う。

そうやって選んだものは、やはり古い映画が大半になった。21世紀に入ってからの作品で選んだのは、タル・ベーラ監督(アニエス・フラニツキ監督との共同)の「倫敦《ロンドン》から来た男」(07年)と「ニーチェの馬」(11年)、そして「ブラインドネス」(08年、フェルナンド・メイレレス監督)の3本のみである。ほかにも「クローバーフィールド/HAKAISHA」(08年、マット・リーヴス監督）の、自由の女神の首が飛んできたりするシーンも加えようかと一瞬思ったが、あまりにもバカバカしいのでそれは入れなかった。

「ニーチェの馬」と「ブラインドネス」については、この連載ですでに取り上げていると思う。「倫敦から来た男」は、『メグレ警視』シリーズで成功したジョルジュ・シムノンが1934年に発表した小説が原作で、サスペンスというジャンルには収まりきらない、不思議な映像作品である。モノクロの画面がいい。一つのカットがやたらと長いが、それと映像の暗さがこの映画の価値を高めている。その暗さの中で、港の食堂のシーンがほっとするシーンになっている。そこで老人がスープと固いパンをちぎって食事をしているのであるが、僕はいつもこのような、スープとパンだけの質素な食事に憧れている。20本の中には選ばなかったが、「ドクトル・ジバゴ」（65年、デイヴィッド・リーン監督）でも、主人公が吹雪の中、行き倒れになりそうなところを、人家の灯りに惹かれて部屋に入ると、女主人がスープをふるまってくれるシーンがある。これも同じように印象に残っている。

タル・ベーラ監督は「倫敦から来た男」のあと、「ニーチェの馬」を作って、その後監督業からの引退宣言をしている。そういえばデイヴィッド・リンチも先頃始まったテレビシリーズ『ツイン・ピークス The Return』（17年全米放映）を最後に引退すると宣言しているらしい。20数年ぶりにキャストも再結集して作られる正真正銘の続篇に、生みの親であるリンチ本人もしっかり関わっていることはうれしいというか、期待するところだけれど。逆にジョージ・

ルーカスのほうは、「スター・ウォーズ」シリーズが再び始まったが本人はすっかり手を離れており、映画製作自体から身を引こうとしているとも聞く。期待している監督たちだけに、まだいくらでも続けてほしい気もするが、それぞれに思うところがあるのだろう。

実は僕も先日、70歳になった。日頃から70歳になったら引退かなと思ったり、実際に周囲にそう宣言することもあったのであるが、あまり本気にされないまま、実際のところ、いま、引退後第一弾（?）のツアーを行っている最中である。ただ少なくとも、壁を通り抜け、これまでは見えなかった何かのもやの中にいるような気がしている。

というわけで、以前はレンタルDVD店に入って、棚のいちばん下の段に並んでいるDVDのカバーや邦題だけで観るものを選ぶ、いわゆる「ジャケ借り」することも多かったが、最近はそれもあまり意欲がなくなってきたというか、それほどの出合いもなくなっている。やはり昔観た映画のことをときどき思い出しては、DVDはどこにあったろうと探しても家では見つからないので、レンタル店に行って借りる、ということのほうが多い。数年に1回、あるいは10年に1回くらいのものもあるが、やはりそうやって繰り返し観ている映画の中から、「印象的な映画のシーン」を選んだ次第である。

（17年8月下旬号）

「倫敦から来た男」

テーブルの
小さいところも
絵になる

㊼印象的な映画のシーン20選（その2）

前回、単行本のために僕が選んだ「印象的な映画のシーン20選」のことを少し紹介したが、意外とこれまでの連載で触れていない作品があったようだし、リスト一覧というページを設けるわけでもないので、ここでやはりどんなリストになったのか、すべて披露することにしよう。以下、順不同です。

○「ミラノの奇蹟」（51年、ヴィットリオ・デ・シーカ監督）
○「ウンベルト・D」（52年、同）

戦後イタリアン・ネオレアリスモの旗手であるデ・シーカ監督の映画には忘れられないものが多い。「自転車泥棒」（48年）、「ひまわり」（70年）……。「ミラノの奇蹟」は中学生のとき、テレビで観て好きになった作品である。戦争が生んだ貧困や格差社会、労働問題などを背景にしつつも、最後は奇蹟が民衆を救うというファンタジーで締めくくられる。

印象に残るシーンは寒い冬の広場で、貧しい人々が太陽の光を求めて移動するシーン。

○「第三の男」（49年、キャロル・リード監督）
○「乙女の祈り」（94年、ピーター・ジャクソン監督）

「乙女の祈り」はニュージーランドのクライストチャーチで1954年に実際に起こった、

2人の少女の母親殺害事件をもとにした映画。原題（Heavenly Creatures＝神の創りしもの）も、邦題も良かった。ピーター・ジャクソンが才能あふれる新人だった頃の作品。

後に「タイタニック」（97年、ジェームズ・キャメロン監督）で有名女優になるケイト・ウィンスレットと、メラニー・リンスキーが、乙女特有の思春期にありがちな夢見る相思相愛の少女を演じている。2人は森に祭壇を作り、ハリウッド・スターの殿堂にしていた。ジェームス・メイスンやマリオ・ランツァらの「いい男」で埋められていたが、オーソン・ウェルズは「醜い男」として拒否する。ところがある日、映画館で観た「第三の男」のウェルズの怪しい魅力に幻想を抱く。確かに「第三の男」のウェルズ演じるハリー・ライムは、奇怪なだけではなくセクシーな存在。そんなウェルズに追いかけられ、部屋に逃げ帰った2人は大笑いしたあと、接吻する。この幻視のシーンが忘れられない。乙女の闇をうまく描写したシーンだと思う。

映画館でかかる「第三の男」のシーンは、ウェルズにそっくりな俳優（ジャン・ゲランという人）を使い、オリジナルのフィルムと合成して再現するという凝ったものであった。

○「日曜はダメよ」（60年、ジュールス・ダッシン監督）

○「誘惑されて棄てられて」（64年、ピエトロ・ジェルミ監督）

○「用心棒」（61年、黒澤明監督）

「日曜はダメよ」で印象に残るのは冒頭のタイトルバックで、歩く娼婦たちの脚を描写するシーン。10年ごとに観直す映画の一本であるが、同じ歩く女性のシーンでは「誘惑されて棄てられて」の中盤あたりのシーンのほうがインパクトある。それは使われている音楽（マンボ）に理由がある。「誘惑されて〜」を最初に観たとき、そのマンボという音楽の共通性から、黒澤監督の「用心棒」を彷彿とさせた。黒澤監督の影響も間違いなくあると思う。

○「許されざる者」（92年、クリント・イーストウッド監督）

「許されざる者」という同名の西部劇が60年のジョン・ヒューストン作品にあって（原題もほぼ同じThe Unforgiven）、ディミトリ・ティオムキンのテーマ音楽がヒットした。バート・ランカスターとオードリー・ヘップバーン主演で、映画自体は成功しなかったようである。僕もこちらの映画はまだ観ていないのであるが、テーマ音楽はいまだによく聴いている。

○「ニーチェの馬」（11年、タル・ベーラ監督）

○「倫敦から来た男」（07年、同）

○「ぼくの伯父さん」（58年、ジャック・タチ監督）

○「ライアンの娘」（70年、デイヴィッド・リーン監督）

○「ラジオ・デイズ」（87年、ウディ・アレン監督）

○「ブラインドネス」（08年、フェルナンド・メイレレス監督）

○「洲崎パラダイス　赤信号」（56年、川島雄三監督）

○「羅生門」（50年、黒澤明監督）

このあたりの作品は連載で何度か触れているので詳しくは説明しないが、黒澤監督は中学生の頃に「用心棒」にハマって以来、ことあるたびに旧作をむさぼり観続けている。「用心棒」では空っ風と大雨がすごかったが、大雨のレベルは「羅生門」にはかなわない。

○「ブルーベルベット」(86年、デイヴィッド・リンチ監督)

デニス・ホッパー演じる暴力的で麻薬中毒の狂人と、ナイーブで善人の青年カイル・マクラクランが織り成す、かつて観たことのないタイプのドラマ。青年が連れていかれた淫売宿で、ゲイのディーン・ストックウェルがカラオケで歌うシーンが強烈であった。その歌はロイ・オービソンのヒットソング《イン・ドリームス(In Dreams)》。"The Prince of Darkness"(闇の王子)と呼ばれたオービソンは本作で取り上げられた4年後、《オー・プリティ・ウーマン(Oh Pretty Woman)》がゲイリー・マーシャル監督「プリティ・ウーマン」(90年)の主題歌としてリバイバル・ヒットしている。

ほかに以下の3作品で、ちょうど20選。

○「ポゼッション」(81年、アンジェイ・ズラウスキ監督)

○「赤い風船」(56年、アルベール・ラモリス監督)

○「カビリアの夜」(57年、フェデリコ・フェリーニ監督)

「カビリアの夜」はニーノ・ロータの音楽が素晴らしく、自分でもカバーしてライブで演奏していたこともある。

(17年5月下旬号)

「ミラノの奇蹟」

寒い 寒い

「乙女の祈り」

ぎいやーっ

番外篇 ディズニー・アニメーションを聴きましょう

1972年だったか、はっぴいえんどのアルバム『HAPPY END』のレコーディングをロサンゼルスで行ったあと、物見遊山で観光しようと、大瀧詠一、松本隆、鈴木茂のメンバー全員でディズニーランドに行ったことがある。当時は1ドル＝360円。日米の経済格差も大きかっただけに、興奮したのを覚えている。そのときに乗ったアトラクションは「カリブの海賊」や「ホーンテッドマンション」。いまだに存在しているのがすごい。さらにその数年後の79年、YMOがグリークシアターでアメリカ初ライブをしたあとも、坂本龍一、高橋幸宏のメンバーみんなでディズニーランドに行った。いちばん楽しかったのはあっという間に終わってしまった「ピーターパン空の旅」。2〜3回は並んで乗った。あんまり怖いのは乗れないので、ディズニーランドのアトラクションは僕にぴったりなのだ。

その数年後の83年、まさか日本にもディズニーランドができるとは！　初期の頃、キャンペーンだったのかプロモーションだったのか、僕のところにも招待状が届き、閉園後に訪れた贅沢な思い出がある。「キャプテンEO」を見たり「スター・ウォーズ」のアトラクションを体験したり。3回くらいしか行っていないが、いまでもときどき行きたくなる。そういった意味でもディズニーはいまも昔も、子どもから大人まで、変わらず愛され続ける魅力があるのだと思う。

ディズニー・アニメーションが次々公開された50年代は音楽を含め、どんな映画よりもヒットした。当時は子どもに観せる映画がなかったからかもしれない。僕も夢中になって観た。そこで聴いた音楽がずっと耳に残り、いまなお僕に影響を与え続けている。ディズニー・アニメーションを初めて観たのは確か、短篇だっただろうか。渋谷の全線座という映画館でニュースとアニメだけで構成されたプログラムがあり、父親によく連れていかれた。そこでミッキーマウスやドナルドダックなどをよく観た。長篇はやはり第1作の「白雪姫」(37年)だろう。うちにSP盤があり、A面は《ハイ・ホー(Heigh Ho)》、B面は《いつか王子様が(Someday My Prince Will Come)》、なかなかいいアレンジだった。「白雪姫」以前に製作された中篇「三匹の子ぶた」(33年)のSP盤もうちにあり、挿入歌《狼なんて怖くない(Who's Afraid of the Big Wolf)》は僕にとって初めて覚えた英語の歌となった。この「三匹の子ぶた」、「白雪姫」をはじめ、「ダンボ」(41年)、「バンビ」(42年)などを手がけたフランク・チャーチルはいまでも大尊敬している作曲家の一人である。

彼を筆頭に、歴代のディズニーの作曲家チームは素晴らしく、いまなお発見があるのがすごい。たとえば、2012年頃から流れた東京ディズニーリゾートのCMで、いいなと思ったのも古い曲、「シンデレラ」(50年)の挿入歌《夢はひそかに(A Dream Is a Wish Your Heart Makes)》だった。「シンデレラ」といえば《ビビディ・バビディ・ブー(Bibbidi-Bobbidi-Boo)》

が有名だが、こちらの名曲《夢はひそかに》は覚えていなかった。この日本的なアニメーションのCMは少女が大人へと成長していく過程の重要なシーンにディズニーランドがあったというもので、まだ記憶に残っている人も多いだろう。そのバックに流れるCM曲は前半がオリジナルの創作で、後半から有名なメロディになる。そのアレンジが面白く、いいメロディを生かしていると感心した。歌っているのはクロエ・リアーという若い女性アーティスト。CDになっていないのが残念だ。

アメリカでは最近こういった、ディズニーの曲など40～50年代の音楽をカバーする風潮があり、若い女性アーティストによる『ディズニー・マニア』というアルバムもあるほど。いまどきの音で構成されているが、ディズニーリゾートのCM曲のように素朴に、あるいは小編成のバンドによるフォーキーな感じのものも多い。

そしてもう一つ、最近、気がついた再発見は「わんわん物語」(55年)の音楽の素晴らしさ。名作曲家ソニー・バーグと歌手ペギー・リー(自身も歌っている)が作詞・作曲した子守歌《ララルー(Lalalu)》とイタリア語で〝美しい夜〟という意味の《ベラ・ノッテ(Bella Notte)》は当時、日本でも小ヒットしたが、いまになってハマった。

若い人にとっては、ディズニー音楽と言えば「リトル・マーメイド」(89年)以降、ディズニー・アニメーションの音楽に携わり、アルフレッド・ニューマンに次ぐアカデミー賞8回受賞のアラン・メンケンなのかもしれない。だが、僕にとってはやはりディズニー・クラシックの音楽のほうに魅かれるし、いまなおたくさんの再発見がある。もちろん、新作「アナと雪の女王」（13年）をはじめ、近年の作品もこれからじっくり聴いていくと、新たな発見があるのかも知れない。それもまた楽しみだ。

（14年3月下旬号）

『キネマ旬報』創刊90周年記念

細野晴臣プロデュース・ライブ「映画を聴きましょう」レポート

エッセイ「映画を聴きましょう」がスタートするきっかけとなった、『キネマ旬報』90周年記念ライブ。まさに奇蹟ともいえる2010年のクリスマス・イブに行われた貴重なライブイベントの模様をご紹介する。

二部構成で映画史の名曲を披露

美しいクリスマス・イルミネーションに彩られた東京・恵比寿ザ・ガーデンホールにて2009年12月24日、本誌『キネマ旬報』創刊90周年記念イベント、細野晴臣プロデュース・ライブ「映画を聴きましょう」が開催された。直前まで曲目変更の可能性があるからと、正式なプログラムが用意されていなかっただけに、どんな曲が演奏されるのか、期待は膨らむ。

ライブは二部構成。第一部は「ナビィの恋」の音楽監督ほか、「ホテル・ハイビスカス」「転がれ！たま子」の音楽を担当した磯田健一郎率いるアコースティック・ユニット、といぼっくすによるインストゥルメンタル曲の演奏で、おなじみのアルフレッド・ニューマン作曲《20世紀フォックス・ファンファーレ》で幕を開けた。続いて「男はつらいよ」の主題歌が、第1作のオープニング曲とともに演奏されたのが心憎い。

といぼっくすは05年、YMOのファーストアルバムをフルカバーした『Accoustic YMO』で話題を呼び09年12月『Garbage Collection』を発表したばかり。当日はサックス、フルート、ピアノ（バンドネオン）、ギター、パーカッション、チェロの6人編成だったが、オーケストラにも引けをとらない見事なアンサンブルに一気に引き込まれた。

ここで、本誌創刊号を手にした細野晴臣氏が登場。90周年を迎えた本誌を紹介し、本イベントがこれを記念するプロジェクトであることを説明する。さらに「僕はキネ旬に敬意を表して、このライブの構成を考えたんですよ」の言葉が関係者の心を打つ。

そして第一部をプロデュースした磯田氏が登場。今回は演奏には加わらず、MCとしての参加に。磯田ファンにとっては当然、出演もしている「ナビィの恋」からの曲も期待したはずだが、今回は日本映画音楽界を代表する作曲家、印象深い外国映画音楽に絞り、巧みなアレンジで聴かせてくれた。改めて、映画音楽が映画体験として身体に刷り込まれているか実感できる。そして最後は〝巨匠〟の曲として紹介された細野氏の映画音楽「銀河鉄道の夜」。細野氏も大絶賛の素晴らしい演奏に、会場から惜しみない拍手が贈られた。

映画愛あふれる貴重なライブに

20分間の休憩のあと、細野晴臣率いるバンドによる歌と演奏で贈る第二部がスタート。オープニングは細野氏が好きだと言う円盤もの、「未知との遭遇」の《クローズド・エンカウンター》をアラビア風に。以降、一曲一曲、細野氏が演奏する作品の解説や映画音楽にまつわる話を「自分的映画史をたどる」よう丁寧に語るのだが、これが「楽しく緩やか」で心地良い。中でも、細野氏が本当に古いイタリア映画好きだとわかるのが、フェデリコ・フェリーニ監督&ニーノ・ロータ、ピエトロ・ジェルミ監督&カルロ・ルスティケリの二大コンビについての語り。「幸せな結婚」と称し、その他の彼らの曲についても楽しそうに語る。

「演りたい曲を100曲くらい考えたけど、94曲くらい落としました（笑）」と言うほど、映画音楽、古い作品ばかり。だが、多くのアーティストによってカバーされた曲や、細野ファンにとってはライブでなじみ深いものが多いのもうれしい。後半、女声コーラスが加わり、いままでとは違った趣の演奏に。さらに高田漣（故・高田渡氏のご子息！）ウクレレ教室の生徒さんも参加し、観客へクリスマスソングを贈った。何よりも観客を喜ばせたのは細野氏自身初めて唄ったと言う「風の谷のナウシカ」。人に提供した曲はほとんど唄うことがない細野氏だけに、ファンにとっても貴重な、想い出に残る一曲となった。

活字ではなかなか映画音楽の素晴らしさが伝えられないだけに、この「映画を聴きましょう」ライブ企画は『キネマ旬報』本誌にとっても今までにない画気的な試みとなった。そのナビゲーターに日本の誇るアーティスト、細野晴臣氏を迎えられたことに改めて感謝したい。

（取材・文＝キネマ旬報編集部／10年2月上旬号）

第一部　といぼっくす

磯田健一郎（プロデューサー／MC）
大城正司（サックス）、木ノ脇道元（フルート）、啼鵬（ピアノ、バンドネオン）、高田元太郎（ギター）、齋藤孝（パーカッション）、島津由美（チェロ）

1. 20世紀フォックス・ファンファーレ
（アルフレッド・ニューマン）
2. 男はつらいよ（山本直純）
3. どですかでん（武満徹）
4. ワルツ（武満徹、「他人の顔」より）
5. ゴジラ・メドレー（伊福部昭、「ゴジラ」「モスラ対ゴジラ」「怪獣大戦争」）
6. 鉄道員（カルロ・ルスティケリ）
7. 幕間（エリック・サティ）
8. ニュー・シネマ・パラダイス（エンニオ・モリコーネ）
9. イルカの日（ジョルジュ・ドルリュー）
10. ブリキの太鼓（モーリス・ジャール、
コンサート用組曲版から抜粋）
11. 銀河鉄道の夜（細野晴臣）

第二部　細野晴臣グループ

細野晴臣（ボーカル、ギター）、コシミハル（オルガン、アコーディオン）、今堀恒雄（ギター）、高田漣（ペダル・スチール、マンドリン）、伊賀航（ベース）、浜口茂外也（ドラム）、ゲスト：神田智子＆高遠彩子（コーラス）、ウクレレ隊（ウクレレ16名）

1. クロース・エンカウンター
（ジョン・ウィリアムズ、「未知との遭遇」より）
2. スマイル（チャールズ・チャップリン、
「モダン・タイムス」より）
3. ラモナ（アルフレッド・ニューマン）
4. ムーラン・ルージュ（アルフレッド・ニューマン、
「赤い風車」より）
5. 香港ブルース（ホーギー・カーマイケル、「脱出」より）
6. キャデラック（ニーノ・ロータ、「甘い生活」より）
7. カビリアの夜（ニーノ・ロータ）
8. 死ぬほど愛して（カルロ・ルスティケリ、「刑事」より）
9. アルフレード　アルフレード
（カルロ・ルスティケリ）
10. Pennies From Heaven
（アーサー・ジョンストン、「黄金の雨」より）
11. Hit The Road To Dreamland
（ハロルド・アーレン＆ジョニー・マーサー、
「Star Spangled Rhythm」より）
12. ラグタイムの子守唄
（シルヴィア・ファイン、「5つの銅貨」より）
13. ウインター・ワンダーランド
14. 風の谷のナウシカ（細野晴臣）
アンコール：アーユルヴェーダ
（細野晴臣、「グーグーだって猫である」より）

第88回キネマ旬報読者賞　受賞インタビューより

細野晴臣さんのエッセイ「映画を聴きましょう」連載がスタートして約2年半が経過した2015年の冬。第88回を迎えたキネマ旬報ベスト・テンの読者賞部門に同連載が輝いた。そのときの記念すべき受賞インタビューを再録する。

きっかけは90周年ライブから

「脱出」（44年）でホーギー・カーマイケルが劇中で歌った《香港ブルース》をはじめ、「モダン・タイムス」（36年）の《スマイル》、アルフレッド・ニューマンが手がけた「ラモナ」（36年）の主題歌など、映画音楽の名曲をライブで歌い、これまでそのいくつかをアルバムに収録してきた細野晴臣。その豊かな映画音楽体験を音楽家ならではの視点で綴ったエッセイ「映画を聴きましょう」は、２０１２年8月下旬号から隔号連載としてスタート、15年1月下旬号で28回目を迎えた。

「きっかけは5年前、『キネマ旬報』創刊90周年記念のライブでしたね」

09年末、キネマ旬報社が開催した細野晴臣プロデュース・ライブのタイトルも、連載と同じ『映画を聴きましょう』だった。

「第2回の連載でも書きましたが、僕が学生だった頃、サントラは外国映画ばかりだったんですよ。佐藤勝さんが手がけた黒澤映画の音楽に感銘を受け、映画館に通っていた頃、日本映画初のサントラ『映画を聴きましょう』が発売されたんです。『用心棒』（61年）など8作品の映画音楽が収録されたアンソロジーでしたが、これには興奮しました」

そんな映画音楽との出合いが、作品、作曲家、ジャンルを横断して語られる。

「最近、僕の連載のことがよく話題にのぼるんですよ。先日、書店の映画コーナーで本を買ったときも、30代半ばのレジの男性に『キネ旬の連載、読んでます』と声をかけられました。そんな読者の方々が選出する賞をいただけるのは本当にありがたいですね。一方、読者もコアな映画好きばかりでしょうから手強いなとも思います。データ的なことは間違っちゃいけないなあと。衝撃的だったのは、小林信彦さんが『週刊文春』で僕の連載を取り上げてくれたこと。毎号読まれていることを知り、うれしい反面、すごく緊張しました」

また、何年も探していた曲について触れたあと、読者から詳しい情報を教えてもらったことも。

「びっくりすると同時に大興奮。そんなサプライズがあると、連載をやってよかったと思います」

現在、最初に聴いた映画音楽と言っても過言ではないディズニー音楽に興味があるそう。「アナと雪の女王」公開（14年3月）にあわせた本誌『キネマ旬報』のディズニー特集（3月下旬号）でもお話をお聞きしたが……。

「確かあのとき、ディズニー新作はよくわからないと言いましたが、『アナ雪』を観たら音楽が良く、作曲家について調べたりして……これはまた連載で。《とびら開けて》のようにすぐ歌えそうな曲もありますが、《レット・イット・ゴー～ありのままで～》を僕が歌ったら、みんなびっくりするでしょうね（笑）」

（取材・文＝キネマ旬報編集部／15年2月下旬号）

特別対談
映画の話を聴きましょう

細野晴臣×中沢新一

80年代、ニューアカデミズムの旗手と称された中沢新一氏と、日本の代表的な霊地を巡礼し語り合った伝説の対談集『観光―日本霊地巡礼』から30年余。近年ではライブやラジオ番組『Daisy Holiday!（デイジー・ホリデー！）』などにもゲスト出演するほど気心の知れた旧友2人が、実はあまり話したことのない「映画」について語ります――。

実は映画青年だった!?

細野　そういえば、映画の話ってあまりしたことないよね。

中沢　なんでだろうね。

細野　映画好きとは知らなかった。そういえばときどき、映画の主題歌を歌っているよね。僕のラジオ番組に出たときも（「悪名」で勝新太郎が歌う）《河内音頭》を歌ってた（笑）。

中沢　エノケンなんかもよく歌って聞かせましたよ。じゃぁ昔の映画の話でもします？　細野さんが最初に観た映画って何だっけ？

細野　記憶にあるのは幼稚園のとき、連れられてみんなで観に行った「赤い風船」（56年）。これが深くて、ずっと引きずっちゃった。すごくエロチックだったね。風船に恋しちゃって。

中沢　それは印象深いだろうね。僕は神社の庭にかけられたシーツに上映された「赤胴鈴之助」（57年）。5本くらい上映したのを観た。映画館で初めて観たのは長谷川一夫主演の「忠臣蔵」（58年）。曾《ひい》おばあちゃんが文久生まれの人で、映画を観たことがないというから一緒に行ったんです。するとさっき死んだはずの浅野内匠頭が何度も出てくるのはおかしいって怒って出てっちゃって。僕も追って出たんです。

細野　カットバックがわかんなかったんだね。僕の母親も映画は好きだけど、いまの映画は観られない。カットバックが多いし、目が回っちゃうって。

中沢　昔の映画館って、いろんなものを3本立てとか4本立てとかでやってたじゃないですか。

細野　3本立てにはよく行ったよ。

中沢　アメリカ映画と「裸の大将」（58年）とか、そういう組み合わせが面白かった。

細野　地方に行くと、そうなっちゃうんだね。東京は洋画は洋画でまとまってた。

中沢　東京は最初にニュース映画をやって、西部劇2本で終わり。僕の知っている構成じゃない。これが東京だなと思って。

細野　だいたいそうだよ。西部劇と山下清じゃあ混乱するよ。

中沢　その間にディズニーが入るんですよ。

細野　うぁあてんこ盛り（笑）。昔は途中から入って観るじゃない？　けっこう楽しいんだよね。最初ちんぷんかんぷんだけど、だんだんわかってくる。

中沢　最後から観るから、結末を知って観る映画が多かった。そういう観方はいけないんだけどね。本格的に映画を観だしたのは大学生の頃かな。アントニオーニとかパゾリーニ、フェリーニとかイタリア映画の錚々たる人が出てきて。あれは夢中になりましたね。日本でもATG系の映画とか。

細野　大学のときだったかな。三島由紀夫の「憂国」（66年）も観に行ったよ。

中沢　自分でも映画を撮りたいと思って8ミリを買って、下宿の隣の部屋の友だちと一緒に映画を撮りました。

細野　そうなんだ。スピルバーグと一緒じゃない。

中沢　日記映画ってのが流行りだしていた頃で。ジョナス・メカスの「リトアニアへの旅の追憶」（72年）を大学に入ってすぐ早稲田大学の講堂で観て驚いたんです。東欧からの移民だったメカスが故郷リトアニアへ帰る視点で撮った作品ですが、画像が常に揺れていてそれをとても面白く思いました。僕も揺れている画像を撮りたくて。

細野　かなりの映画オタクだね。

中沢　映画マシン・オタクなのかも。日記映画は自分の身辺を撮るだけの至ってシンプルな映画。自分でもそんな映画を撮っていたからそのジャンルには関心がありました。観ていた映画も偏向性があるんです。むしろ細野さんこそ、連載では万遍なく映画を語っていて感心しました。

細野　まぁ観ていることは観ているからね。アングラ映画は苦手だけど。でも、そのまま行くと映画人になってたかも知れないんだ？　そこまで入り込んでたなんて全く知らなかったよ。

中沢　16ミリカメラも中古で手に入れて持ってました。従兄がカメラマンだったから、余ったくずフィルムをもらって撮ってたんですが、現像にお金がかかって諦めました。けっこう撮り溜めてたんですが、さる事情があって、いまはこの世にありません。

細野　えー、もったいないなぁ。

中沢　ケネス・アンガーやスタン・ブラッケージのような実験映画が大好きで、作った映画もその影響を受けています。友だちと上映会もやりました。

細野　それは運命の分かれ道だったね。何だか軽い話ができなくなったな（笑）。

ショックを受けた西部劇

中沢　でもインディペンデントとエンタテインメントは別物だから。エンタテインメント映画も大好きです。すごいなと思い始めたのは西部劇。中高生の頃はジョン・フォードなどの映画を観まくっていた。

細野　いきなり飛躍するね。でも、そこはかぶるな。

中沢　中でも「真昼の決闘」（52年）にショックを受けました。保安官が全然強くないんですよね。悩んでいるし。ヒーローを作る意識がない西部劇があるんだなと新鮮でした。

細野　西部劇としては異色だよね。フレッド・ジンネマン監督はかなり意識的に作ったんだろうけど、その影響で子ども向けだった西部劇が変わっちゃって。『ローハイド』（59〜66年）なんかも影響を受けているよね。アンチヒーローもので、アダルト・ウエスタンと言われてた。

中沢　じゃぁ僕はアダルト・ウエスタンに惹かれたんだ。西部劇に出てくるインディアンにも関心があって、彼らの習俗や音楽や、戦う前の戦士ダンスにものすごく惹かれました。

細野　それは僕も同じ。本物の人たちがやってたんだろうね。ちゃんとしてた。インディアンの台詞「インディアン嘘つかない。白人嘘つく」。それは本当のことだなと思った(笑)。

中沢　子どもの頃、週末の夕方、テレビで洋画をやっていて、そこで観た映画にはかなり影響を受けましたね。中でも「モヒカン族の最後」(36年)はすごい衝撃でした。

細野　僕もおんなじだ。中学のときだけど、毎日のようにテレビで洋画をやっていて、そこでいっぱい観た。吹き替えなんだけどね。

中沢　年末には必ず「キング・コング」(33年)をやるんです。そのたびに泣いたなぁ。キング・コングに同情しちゃって。

細野　最新作「キングコング：髑髏島の巨神」(17年)は観た？　泣くよ。僕は泣かないけど。

中沢　また続篇もやるんでしょ？　「ゴジラVSキングコング」。

細野　そうなの。今回はゴジラにつなげている。ゴジラの映画は全部観たことないけど、1作目の「ゴジラ」(54年)はすごくいいよね。

中沢　大学生になって改めて観て、福永武彦、関沢新一、香山滋と、原作者の錚々たる顔ぶれにびっくりしました。とりわけ池澤夏樹のお父上である福永武彦は小説家としてすごく尊敬していたのですが、大文学者がこういうことをやってていいんだとほっとした。そのあとの「モスラ」(61年)も素晴らしい。歌も良かったでしょ？

細野　なんか関係あるんでしょ？

中沢　主題曲はインドネシア語で作られているんですが、それをモデルにしたリメイクの歌詞は僕が作りました。作曲は矢野顕子。カラオケで毎年5人くらいのオタクファンが歌ってくれてます。

ウディ・アレンの好きな時代

中沢　父親から聞かされた映画の話はよく覚えてます。一緒に風呂に入るとよく「巴里祭」（32年）やエノケンの《洒落男》などの歌を歌ってましたから。

細野　いいお父さんだね。昔、戦前の人たちはみんなシャンソンが大好きだったんだよね。

中沢　日本人は開戦直前までシャンソンやジャズを好んで聴いているんですよね。そしてディズニー映画も観ていた。アメリカ文化やヨーロッパ文化が好きで、ジョゼフィン・ベイカー、コール・ポーターなどで頭がいっぱいだった父親世代の人が、あの戦争で好きな音楽が聴けなくなったってのは本当に悲劇だと思います。

細野　そういうのは母親を見ているとわかるね。女学生の頃、日劇でときどきやっていた映画にわーっと行列して「未完成交響楽」（33年）や「オーケストラの少女」（37年）を観たとかね。

中沢　うちの母親は宝塚に夢中でした。春日野八千代さんなんてご存知ですか？

細野　古いねぇ。その頃の宝塚も素晴らしかったよ。ハリウッドのレビュー、フランスのムーランルージュみたいでね。シャンソンとハリウッドが混じったような、聴きごたえのある音楽ばかりをやっていた。

中沢　再演された『華麗なる千拍子』などを観ていると音楽的にすごいなぁとつくづく思いました。若い頃、おかまの友だちが多くて、あの人たちって宝塚の話をよくするんですよ。で彼らにおねだりしてよく連れていってもらいました。

細野　その頃はずいぶん宝塚もスターが入れ替わった時代でね。僕も姉が熱中していたので、寿美花代とかが現役の頃、連れていかれたよ。

中沢　僕も寿美花代は観ましたよ。宝塚の影響はずっと僕の中にあって……。

細野　横尾（忠則）さんもそんな話をよくするよ。

中沢　横尾さんとは雪組の大スター轟悠を2人で争いました（笑）。レビューと映画って非常に近かったじゃないですか。あのあたりがいちばん好きかな。タップダンサーのフレッド・アステアものもいっぱい観たなぁ。

細野　エレノア・パウエルのタップダンスとかバスビー・バークレイの振り付けとかね。ああいうレビューのハリウッド映画人の影響がすごい。

中沢　少年の頃、アステアみたいなダンサーになりたいなって真剣に思ってた。でも体型が違うからダメだなと思って。

細野　ははははは。なりたいなと思うのは自由だから。でもやっぱりアステアは神様だね。比べる人がいない。僕の母親世代のアイドルで憧れてた。

中沢　「グリーンマイル」（99年）で大男の黒人の超能力の囚人が、死刑の前日に観せてもらう映画が「トップ・ハット」（35年）でした。アステアが「ここは天国♪」と歌いながら女性と踊るのを観て、囚人は涙を流しながら「こいつはエンジェルだ」って言うんだよ。アメリカ人の宗教的感性のここがいちばんいいところだと思いました。細野さんはコール・ポーターってどう？

細野　楽曲は大好きだね。「五線譜のラブレター」（04年）はコール・ポーターの暗い部分に焦点を当てすぎちゃってあまり好きじゃなくて。その前にケイリー・グラント主演のコール・ポーター物語「夜も昼も」（46年）って映画があるんだけど、それは素晴らしいね。

中沢　ウディ・アレンの「ミッドナイト・イン・パリ」（11年）に出てきたコール・ポーターは暗いところがなくて好きだな。ピアノの弾き方も軽くて実に良かった。即興感あって。これが天才なんだなって思った。ウディ・アレンはあの時代が本当に好きなんだね。

細野　だからウディ・アレンを通して僕もあの時代を好きになる部分が大きい。ジョゼフィン・ベイカーもそれで観直した。こんなに歌がうまいんだって最近思うね。ウディ・アレンの中でも「ラジオ・デイズ」（87年）がいちばん僕には身近な映画だったな。ラジオで育ったから共有できるものがいっぱいある。20歳の頃にカルメン・ミランダのカバー《チャタヌガ・チュー・チュー》とかをやってたんだけど、そのミランダが戦時中、ラジオで《サウス・アメリカン・ウェイ》を歌うわけ。それをまた最近、僕がライブでやっている。

中沢　ウディ・アレンは初期にくっだらない喜劇をいっぱい作っている頃からすごく好きで、上等な映画ファンたちからよく馬鹿にされました。特に「ミクロの精子圏」(「ウディ・アレンの誰でも知りたがっているくせにちょっと聞きにくいSEXのすべてについて教えましょう」72年、内の一篇)がお気に入り。まるで根本敬。精子たちがパラシュート部隊になって女性器の中に次々と飛び降りていく。あの素敵なくだらなさ。「アニー・ホール」(77年)くらいから妙に高級な扱いになったけど、僕はくだらない時代の「いま俺のことジュウって言ったろう?」といちゃもんつけて歩いてる、劣等感たっぷりのユダヤ的ギャグが好きでした。

フランス女優を語ればきりがない?

細野　あと、ウディ・アレンって女優好きだよね。ミア・ファローの良さはウディ・アレンで知ったね。

中沢　でも、最初に観たのはロマン・ポランスキーの「ローズマリーの赤ちゃん」(68年)。

細野　僕もそう。がりがりでね。

中沢　すごい魅力を感じました。僕けっこうがりがりが好きみたい。がりがり女優ジェーン・バーキンが出した最初のレコードジャケットを見てぶったまげた。上半身裸なんだけど、えぐれてる。これもいいなぁ、と思いました。しばらくして「ローズマリーの赤ちゃん」のミア・ファローが僕にとって、アメリカ女性へ惹かれるきっかけになりました。

細野　ショートヘアでね。ヘップバーンはどうなの?

中沢　オードリー・ヘップバーンですか。残念ながらあまりいいと思わなかった。むしろ「旅情」(55年)

のキャサリン・ヘップバーンのほうが好きで、ヘップバーンといったら、僕にはキャサリンなんです。でも「麗しのサブリナ」（54年）は良かった。「ローマの休日」（53年）とか、彼女の代表作はあまりピンとこなかったけど、細野さんは好きなんでしょ？

細野　嫌いじゃないよ。ただ「マイ・フェア・レディ」（64年）は吹き替えで、もの足りなかった。オードリー・ヘップバーンは最近、もう一度観直すといいかもしれないと思っているけど。

中沢　いい年になったから、もう一回観てみようかな。でもやっぱりキャサリンがいいな。ブリジット・バルドーも好きでした。フランスの女優について語りだせばきりがない。

細野　いいよ、語ってよ（笑）。

中沢　ブリジット・バルドーの「べべ」って愛称がまたいやらしくて。中でも勇気づけられた映画は「セシルの歓び」（67年）。人類学や考古学なんかやっていたら絶対もてないと思い込んでいました。でもその映画を観たら、彼女は俗を離れた学問をしている男にセクシーを感じるらしく、考古学者に恋をする。そして塔の中に閉じこもって一日中SEXしている。僕もいけるかもしれないなぁと思いましたね（笑）。ジャンヌ・モローも好きでした。若い頃の可愛いらしさも素晴らしいのですけど、だんだん年をとってきて……。

細野　すご味が出てきた。

中沢　ジャンヌ・モローの良さって、大人ってやつでしょう。勉強になりました。女の扱い方、女からの扱われ方。こうすればいいんだって。

細野　フランス映画って大人だよ。フランス人も独特で、女性の接し方が意地悪というか。

中沢　現実のフランス女性はここまで気取らなくてもいいじゃないかってくらい、すかしてる人が多いけど、それが一つの文化。細野さんはフランス女と付き合った？

細野　いやいや、ないと思うな。日本人がいちばん好き（笑）。女優さんと言っても、最近は全然わかんないよ、まず名前が覚えられない。

RECORD
LIST

中沢　レア・セドゥは覚えました。彼女「ミッドナイト・イン・パリ」にも出ているんですよ。
細野　ちょい役、レコード屋の女店員でね。いいよね。そのあとは「アデル、ブルーは熱い色」(13年)。
中沢　あの映画は良かった。残念ながら自分は男だから、レズ行為の全体像って話を聞いても小説を読んでもいまいちわからない部分があったんだけど、この映画で初めてわかりました。あぁ、こうするわけって(笑)。
細野　「たかが世界の終わり」(16年)の良さは僕は全然わからなかった。さっきの話じゃないけど、フランス人好みなんだよ。
中沢　学生時代、夢中だったフランス女優はアンヌ・ヴィアゼムスキー。ロベール・ブレッソンの「バルタザールどこへ行く」(64年)や、ジャン＝リュック・ゴダールの「中国女」(67年)とか。
細野　ピンとこなかったけど、「中国女」の人かぁ。
中沢　ゴダールと一時期結婚してましたね。フランスの作家クロード・モーリアックの姪御さん。知的な女性でした。ブレッソンの映画は全部、何度も観ました。中でも「バルタザールどこへ行く」は衝撃的でした。ロバが主人公なの。もうそれだけでダメ。涙が出ちゃう。細野さんは誰が好きなの？　倍賞千恵子は知ってるよ。
細野　山田洋次監督の「霧の旗」(65年)が良かった。最初の頃だと思うんだ。その前はＳＫＤで踊り子やっていたから。あとは10年くらい前に観た増村保造監督、若尾文子主演の「赤い天使」(66年)が好き。外国人だったらフランス女優よりもイタリア女優で、好きなピエトロ・ジェルミ監督の映画に出ている、たとえば「誘惑されて棄てられて」(63年)のステファニア・サンドレッリとかが好き。いい映画なんだよ。何度も観ちゃう。ドキッとするショットがあって、女性たちの家族が葬儀かなんかで黒い服着て街をただ歩いてくるの。そのショットだけが異常。望遠で撮ってて音楽がゆっくりした重いマンボなんだよ。黒澤映画を観ているみたいな衝撃だったね。
中沢　最近の映画音楽ってあんまりすごいって思わ

ないけど、当時はびっくりするような音楽の使い方をしてました。

細野　そうなんだよ！　最初の衝撃は「用心棒」（61年）。佐藤勝さんの音楽で、芸者たちがマンボをやる。

中沢　マンボに弱いよね？

細野　弱い（笑）。黒澤映画はたいていルンバとかマンボとかが出てくるんだよね。イタリア映画もけっこうマンボは多いんだよ、フェリーニもよく使うし。

戦後のイタリア映画が好きかも

中沢　フェリーニ好きでしょ？

細野　大好き。音楽が面白い。

中沢　ニーノ・ロータの音楽があんまりすごくて。「カサノバ」（76年）が中でも好きです。「サテリコン」（69年）は20回じゃきかないくらい観ました。「ジンジャーとフレッド」（85年）に至るまでよく観てました。

細野　助監督時代に名前を連ねてる「寄席の脚光」（50年）も良かった。あと「白い酋長」（51年）。

中沢　ロベルト・ロッセリーニが監督で、フェリーニが脚本を手がけた「神の道化師、フランチェスコ」（50年）も感動しましたね。あの類の人物像が好きなんです。ちょっとアスペルガーみたいな人たちの特徴をよくとらえているんだよね。

細野　あの頃の戦後のイタリア映画がいちばん好きかも。特にヴィットリオ・デ・シーカが好きなんだよ。「自転車泥棒」（48年）って流行ったんだけど、いま観るといいんだよね。素晴らしくて何度も観る。

中沢　そういうのってあるよね。「ひまわり」（70年）「旅路」（74年）に至るまで、この人の世界をとことん観てみたいという。

細野　その通りで、その映画を観るしかない。「ウンベルト・D」（51年）も好きなんだよ。おじいちゃんが主人公で、犬を飼ってて。

中沢　イタリアにはおじいちゃんが犬飼ってる映画って多いんじゃないかなぁ。淡々と飼ってる。フランスだと、ジャック・タチみたいなエスプリが入り込むんだけど、それもない。

細野　イタリア映画はそれがない。リアリズムというかね。日本映画はそっちのほうに強く影響されている。それ以来、イタリア映画はどうなっちゃってるのって感じ。いま韓国映画のほうがすごいけどね。最近、シャーマンとか悪魔祓いの映画も多いんだよ。神父が悪魔祓いをするアジア初の映画（笑）、「プリースト　悪魔を葬る者」（15年）とか、國村準さんが出演した「コクソン」（16年）とか。

中沢　一方、中国映画はすっかりダメになっちゃいましたね。文革の世代が映画撮ってたときはなかなかだったけど、いまはくだらない大作ばっかりで。

細野　そうだね。グローバル化しているというか、最近、ハリウッドにも出資してるじゃない？　製作会社レジェンダリー・ピクチャーズも中国資本が買い取ったかなんかで。

中沢　台湾映画はどう？　僕はウェイ・ダーションが好きです。細野さんにも薦めた「セデック・バレ」第一部・第二部の2作（11年）ほか、「KANO　1931海の向こうの甲子園」（14年）、「海角七号／君想う、国境の南」（08年）もいい映画だった。ホウ・シャオシェンが描いていた統治時代の日本に対する感情もすごく感動的なものでしたね。「悲情城市」（89年）、「冬冬《トントン》の夏休み」（84年）とかを観ていても、台湾人と日本人の心の深い交流ができていたんだねと思いました。

細野　いやぁ、ホントよく映画観てるわ。

中沢　いやいや本当に映画観ている人ってこんなもんじゃないですよ。大学のとき研究室が一緒だった四方田犬彦などは1日4〜5本観ると豪語してました。『シネマグラ』の同人たちもみんなそんな感じ。

細野　トリュフォーとか『カイエ・デュ・シネマ』の人たちも、ヒッチコックばっかり観ている日とかあったのかな。とにかく観たい映画がいっぱいあっても見過ごしているのばっかり。

SF映画はずっと引きずる

中沢　いまいちばん観たい映画は？

細野　SF映画かな。「エイリアン」の最新作「エイリアン：コヴェナント」(17年)とか。
中沢　僕もSF好きなんです。昔はSF好きといったらバカにされたもんだけど。
細野　いまでもそうだよ。評価は高くない。SFはいま流行りじゃないし、どんどん縮小している。最近では「メッセージ」(16年)の評価が高かったね。
中沢　「インターステラー」(14年)も評価は高かったけど、あれは実はオカルト映画でしょう?
細野　最後は「2001年宇宙の旅」(68年)みたいにわけがわかんなくなっちゃう。
中沢　「2001年〜」はどういう状況で観ました?
細野　21歳のときに初めて観て、その後10年ごとに観ている。観るたびに評価が変わるんだよ。最初はサイケデリックな幻覚映画だと思って観てた。バンドメンバーと観に行って、最後の場面で「きたきたーっ」て、そこだけが楽しみで。あとはさっぱりわかんなくて、10年後に観たら、この宇宙船は精子の形をしているとかがわかった。ちょっと深いね、なんて思ってね。その10年後に「2010年」(84年)を観た。評価は低かったんだけど、僕は好きだったね。不思議なんだけど、「2001年〜」の最後に老人になっちゃうボーマン船長が「2010年」にも出ていて、全然変わらない。そこがすごく奇妙で気持ち悪い映画だった。コンピューターのHALもまだいて。そういえば、HALが断末魔で歌う歌があるでしょ?「デイジー、デイジー♪」って。
中沢　それが細野さんの「デイジー」になった?
細野　あとで知ったんだけど、ものすごい古い民謡、イギリスの庶民的な《デイジー・ベル》という歌。それを60年代にマックス・マシューズという、テクノの父と言われている電子音楽作曲家が初めて電子音で声を作ってレコーディングしたんだよ。それがもとになっている。そういう意味では、「2001年〜」は30年くらいひっぱられたね。
中沢　僕が最初に観たSF映画はディズニーの「海底二万哩」(54年)でした。ノーチラス号が波をけたてて船を襲撃していくところにドキドキしちゃって。

細野　憧れたね。10年前に観直したらすごい冗長な映画だった。だけどジェームズ・メイソンという俳優が印象に残っていることに気がついた。

中沢　カーク・ダグラスも出てましたよね？

細野　彼はただの武骨な船乗りで、全然印象になかったね。ネモ船長役がジェームズ・メイソン。確かオルガンを弾いたりしたかな。小学生のときに観たから、ノーチラス号の絵ばっかり描いてたね。

中沢　同じですよ。そのとき2本立てだったのが小林桂樹・加東大介主演の「弥次喜多道中記」(58年)。

細野　それ、観たいんだよ！　でも、その取り合わせは違うなぁ。

中沢　僕の好きな取り合わせ。

細野　その後の「地底探検」(59年)も良かった。これにもジェームズ・メイソンが出てくる。手塚治虫の漫画にも彼のそっくりさんが出てくるんだよ。

中沢　覚えてますよ。手塚さんはやっぱりSFの感覚が群を抜いてましたね。その頃からSF小説を好んで読むようになった。スプートニクが打ち上げられたときの感動って全人類的なもんだったと思うけど、SF的なものが現実にあるんだってすごく感動した。そしてガガーリンの登場。その前にはライカ犬がいる。ライカ犬には泣いたでしょ？

細野　泣きゃしないけど。

中沢　僕はすごく泣いた。動物関係に弱くて。ライカ犬が亡くなったと聞き、食料や酸素がなかったのかなぁと心配して。それを思っただけで涙が……。

細野　いろいろ考えちゃったんだね。ナイーブな少年だよ。当時は音楽界もポップスもSFブームで《テルスター》って曲がヒットしたりね。「ビーコム、ビーコム♪」みたいな。あと、デイヴィッド・ローズというオーケストラが電子音楽を使ってやった映画音楽、見るからに玩具みたいなロボットが出てくる「禁断の惑星」(56年)だっけ？

中沢　それそれ。あの玩具は買ってもらいました？

細野　買ってもらえなかったけど、ロビンという名前だったかな。

中沢　夢を馳せたんだよね、そういうのを観て。この間、細野さんと話していて、同じものを観ていたっていうのがSF漫画の『ロボット三等兵』。

細野　そうそう。あれはSFとは違うけど。そんな話題って滅多に出てこない。誰も知らないから。

中沢　僕も何度か振ってるんですが誰ものってこない。まんまとのってきたのは細野さんが初めてです。

細野　前谷惟光って作者まで覚えている。なんであんなに好きで読んでいたんだろうなぁ。『のらくろ』のロボット版みたいな。絵が面白かったんだろうね。

映画を作りましょう？

中沢　女優の話に戻るけど、バンプ女優っていたじゃないですか。たとえば瑳峨三智子とか大地喜和子。すごく惹かれませんでした？　細野さんは昔、ファムファタールとかって言ってたけど？

細野　いないねぇ。幻想で、現実じゃないからね。ファムファタールって言葉を知ったのはフェイ・ダナウェイの映画。ポランスキーの「チャイナタウン」(74年)といういい映画だった。ジャック・ニコルソンが探偵で、フェイ・ダナウェイはジョン・ヒューストンの娘役で、確かファムファタールと言われていた。ポランスキーは全部観てるなぁ。

中沢　僕も「タンスと二人の男」(58年)からほとんどみんな観てます。僕の趣味ぴったりの実験映画で、海の中から箪笥を背負った男が出てくる。そんな映画を作りたくて。

細野　また元に戻ってきたね。どうなの？　今から8ミリでロードムービーでも作る？　キネマ旬報提供で(笑)。常に映画は作りたいと思うけど、最近の映画ってクレジットを見ると何百人もいるでしょう。こりゃ無理だろうって。

中沢　でもやれば数人でできるんですけどね。ただ、身辺映画になっちゃうけど。そういうものを超えたいと、そこに登場したのが「タンスと二人の男」。

細野　視点が違うな、僕と(笑)。

中沢　当時の実験映画って実に面白い。ニュース撮影用の16ミリのねじ巻き式カメラ「フィルモ」をきゅっとねじ巻いて空中に放り投げるだけの映画があるんですが、これには感動しました。地球全体が回りに回って、またスポンと手に戻るわけ。この手があったのかと。

細野　映画を作る人の考えじゃないね。

中沢　やっぱり文章を書くときも、当時の映画の作り方の影響を感じますねぇ。

細野　すごく視覚的なんだね。面白い。なんかSF作りたくなってきたね。

中沢　お！　いいね。ソ連の30年代のSFもいいですよ。ボール紙で作った日比野克彦みたいなセットで撮るんですけど、話がぶっとんでて、善悪がはっきりしていてすっごく面白い。

細野　そりゃ観てないわ。その実験精神がいまだに生かせるじゃない？　SFって。

中沢　一方、子ども時代はディズニーで育っている。

細野　そこは共通しているね。僕の中では「眠れる森の美女」（59年）で絵が変わって、そこから先はよく知らない。

中沢　ところが「トイ・ストーリー」（95年）あたりからまた変わり始めてきて。僕にとって決定的だったのが「ウォーリー」（08年）。まぁディズニーじゃなくピクサーなんだけど、それからは快進撃です。この間もテレビで「塔の上のラプンツェル」（10年）を観ましたが、その最後のシーン、いままで仲の悪かった馬と盗賊が最後に友情をかわすシーンを見て、馬の表情がすごいなと思いました。ディズニー万歳って感じ。まるで子どもだね（笑）。

細野　そんなふうに観る人、あまりいないだろうね。

中沢　僕はそんなところに影響を受けました。ディズニー作品ってものが生きたように動くじゃないですか。子どもの頃、ソケットが自分で動いて電熱器とかをつけないようぐるぐる巻きにして歩けないようにしないと外出できなくなっちゃって。

細野　アニミズムだね。確かに、全部動いていたね。

中沢　最初のミッキーマウスの「蒸気船ウィリー」（28年）もすごいですよね。これぞ音楽これぞミュージカル。細野さんはミュージカルはどうですか。

細野　アステアのミュージカルは何度も何度も観てる。MGMも好きだしRKOも好き。ジーン・ケリーとかも好きだね。

中沢　作ってた人たちってほとんどが東欧移民じゃないですか。基本はウィーンでオペレッタをやってた人たちですよね。彼らがアメリカにきてミュージカルを創造した。最初からレベルがものすごく高い。

細野　そこにアステアみたいな天才が加わったから飛躍した。

中沢　当時の映画音楽の作曲家を見ると、エルマー・バーンスタインとか、とにかくユダヤ人作曲家がものすごい。アメリカ文化の頂点の時代ってやっぱりユダヤ人が作ったんだなぁって気がしますね。

細野　ロサンゼルスに行くと、この町はフリーメンソンが作ったって記念碑がたっているからね。日本映画は太秦が作った（笑）。なんだか、こんなに映画の話をするのは初めてだね。

中沢　細野さんとは哲学とか女の人のこととか音楽の話ばかりで、映画の話はあまりしなかったね。キネ旬の連載を見て、こんなに観ているんだと驚いた。今日はクラウディア・カルディナーレとかソフィア・ローレンとか女優さんの話をしたほうがよかったのかなぁ。よく知らないんだよ。あまり女優に関心がなかったかも知れない。

細野　そうだろうね。馬の表情なんか見ている人間だから女優にはいかない（笑）。映画が良ければその女優が好きになる。

中沢　そういう意味では映画をたくさん観て、自分の中に詰め込んで、影響を受けてきました。

細野　いまだに消えないというか。自分の中にあるイメージをもとに何かを作ったりするじゃない？　しかも8ミリを撮っていたなんて、映画作家と話しているようだったよ。

中沢　いやいや、まだまだ話はいっぱいあります。やっぱり映画の歴史は100年以上もあるし奥も深いし。また映画の話をしたいですね。

（2017年3月・都内にて）

作品リスト

あ

か

た

な

は

ま

や

ら

わ

人名リスト

あ

か

さ

た

な

は

ま

や

ら

わ

おわりに

この連載をやっていて思わぬ収穫があった。一つはインドの名匠サタジット・レイ監督の貴重なフィルムを銀座のエルメスで見たことに関することだ。

映画は「音楽サロン」という題で、インドの没落貴族が見栄で開催する音楽サロンの話だ。そこに出てくる往年の名演奏家や歌手がすごかった。現代の発想とは異質の声を出す名人が時に忘れられない。

しかし普通に観られる映画ではなく、一度きりの衝撃的体験として、連載のどこかで紹介したところ、読者の方からその映像が海外のＤＶＤにある、という知らせをいただき、キネマ旬報の助力で手に入れることができたことはうれしいことだった。

もう一つはある歌曲についての疑問が、これも読者の助言から解消したことがあった。名作西部劇「シェーン」の音楽ヴィクター・ヤングだったが、映画に何度も出てくる印象的なモチーフが、実は18世紀のフランス民謡だったことを教えていただけたのだ。『キネマ旬報』の読者は恐るべし、である。

そういう読者に読まれていることは心の片隅に置き、無事に連載がまとまったことにホッとしている。これも丁寧にまとめてくれた青木眞弥さん、岡﨑優子さんのおかげである。表紙や挿絵の堀道広さん、装幀やデザインをしてくれた峯崎ノリテルさん、正能幸介さんもありがとう。

２０１７年10月

細野晴臣

細野晴臣（ほその・はるおみ）

１９４７年生まれ、東京都出身。音楽家。69年に「エイプリル・フール」としてプロデビュー。70年、大瀧詠一、松本隆、鈴木茂と「はっぴいえんど」を結成。73年よりソロ活動を開始する。同時に鈴木茂、林立夫、松任谷正隆と「ティン・パン・アレー」としても活動。78年、坂本龍一、高橋幸宏と「イエロー・マジック・オーケストラ（ＹＭＯ）」を結成。歌謡界での楽曲提供を手がけプロデューサー、レーベル主宰者としても活動する。ＹＭＯ散開後は、ワールドミュージック、アンビエント・ミュージックを探求。近年は作曲・プロデュース、映画音楽の提供をしながら、ソロアルバムの制作、ライブ活動など多岐にわたり活動。２００８年、芸術選奨文部科学大臣賞受賞。17年に自身初となる２枚組ニューアルバム「Vu Jà Dé」（ヴ ジャ デ）をリリース。２０１９年にデビュー50周年を迎え、３月にファーストソロアルバム「HOSONO HOUSE」を新構築した「HOCHONO HOUSE」をリリース。10月に東京・六本木ヒルズ東京シティビューにて展覧会「細野観光１９６９ー２０１９」開催、11月にドキュメンタリー映画「NO SMOKING」公開。　www.hosonoharuomi.com

特別対談

中沢新一（なかざわ・しんいち）

１９５０年生まれ、山梨県出身。思想家・人類学者。現在、明治大学野生の科学研究所所長。東京大学大学院人文科学研究科博士過程満期退学。チベットで仏教を学び、帰国後、人類の思考全域を視野にいれた研究分野（精神の考古学）を構想・開拓する。著書に『チベットのモーツァルト』『森のバロック』『アースダイバー』『カイエ・ソバージュ』シリーズ、『芸術人類学』『熊楠の星の時間』ほか多数。２０１６年、第26回南方熊楠賞受賞。近著に『虎山に入る』『熊を夢見る』『アースダイバー　東京の聖地』『レンマ学』がある。

『キネマ旬報』２０１２年８月下旬号～２０１７年９月下旬号
隔号連載「映画を聴きましょう」
２０１４年３月下旬号「アナと雪の女王」特集
２０１０年２月上旬号「創刊90周年記念ライブ」レポート
２０１５年２月下旬号「第88回キネマ旬報ベスト・テン」受賞者インタビュー
に加筆し、再録しました。

表紙・表紙カバー・本文イラストレーション　堀道広
装幀・デザイン　峯崎ノリテル（(STUDIO)）
正能幸介（(STUDIO)）

口絵写真（P１）　三浦憲治
口絵写真・特別対談写真　平岩享
編集・取材　岡崎優子
取材協力　谷本智美
野沢なつみ（特別対談）

映画を聴きましょう

2017年11月15日　初版第一刷
2019年11月16日　　　第二刷

著者　　細野晴臣
発行人　星野晃志
編集人　青木眞弥
発行所　株式会社キネマ旬報社
〒104-0061
東京都中央区銀座5丁目14-8銀座ワカホビル
TEL. 03-6268-9701
FAX. 03-6268-9712
http://www.kinejun.com
印刷・製本　株式会社光邦

ISBN：978-4-87376-454-2